MW01229548

los pensamientos de una joven

Karoline Acosta

ISBN: 979-841-329-467-3

Edición del texto y maquetación: Natalia Díaz
Dimensiones Inspiradoras:
Diseño de portada: Dany Z Álvarez Caballero.
Instagram: @inspirdimens
Ilustración: Abigail N. A. Flores.
Instagram: @_una_plantita_

Copyright© 2019 Karoline Acosta

No se permite la reproducción total o parcial de este libro ni su incorporación a un sistema informático, ni su transmisión en cualquier forma o por cualquier medio, sea este electrónico, mecánico, por fotocopia, por grabación u otros métodos, sin el permiso previo y por escrito de los titulares del copyright.

La infracción de los derechos mencionados puede ser constitutiva de delito contra la prioridad intelectual (Arts. 229 y siguientes de la Ley Federal de Derechos de Autor y Arts. 424 y siguientes del Código Penal).

los pensamientos de una joven

Dedicatoria

Agradecimientos de mi poemario. Quiero agradecerle a mi novio Eybar, gracias por estar conmigo, por darme todo tu amor, por creer en mí.

A mi hermana Lucía y mis padres. Gracias a Natalia y Dany por echarme una mano con esta nueva edición.

Pero sobre todo a mí por no rendirme, por darme otra oportunidad, por perdonarme y amarme.

"No es tiempo de rendirse, es tiempo de brillar"

Índice

Parte I: Espíritu en soledad   15
Amor y tacto   17
El chico de la plaza   19
Valiosos y dolorosos recuerdos   20
Sal en la herida   23
Mundos hallados   25
Cielo gris   27
Nostálgica   29
Que así sea   31
Diez mil pensamientos   33
Tras la portada   35
Luna   36
Querida compañera   37
Mensaje a un escritor famoso   39
Luna, sol, día y noche   40
Cansada   42
El sonido del corazón   44
Espíritu fantasmal   47
Llorar   49
Mi soledad   52
Parte II: Para el chico del coro   54
Ojos Negros   57
Títere de madera   58
Pupilas estrelladas   61
No pude   63
Hablarte   64
Por ti, soy poesía negra   65
Inmortalizado   69

Parte III Para mi maldito espejismo   71
Amarte es dolor   73
Sueños prohibidos   75
Te espero   76
Tristezas encontradas   78
Sedúceme   80
Si estuviera enamorada   82
Porque te entierras en mí como una daga   84
Amor incinerado   87
Parte IV: Para el chico de los dibujos   89
El pianista   91
Obra de arte   93
Baila conmigo   95
Deja que te quiera en silencio   96
Tú, mi opción   98
Respirar   99
Artista de ojos cafés   100
Pensando en ti   103
Así te quiero   105
Te odio, te quiero   109
Parece   110
Espontáneo   112
Tres días   114
Ignorarte   117
El mal genio del sol   119
Sakura   121
Una eternidad extrañándote   123
El sueño de la muerte   125
Mi dilema   127
En el camino de mis pensamientos   129
Hierve la sangre   131

Conexión dolorosa   133
Ebulleciente   134
Morir en tu boca   135
El último barco   137
El sepelio de mi alma   138
Apagado   141
Piano melancólico   143
Último   144
Parte V: De cero   145
Así soy   147
No te enamores de ellos   148
La tarde no muere   149
Paso a paso   151
¿Quién eres?   153
Engaños mentales   155
Fui, soy   158
Porque te amé, te olvidé   161
Los planes de un viaje   165
Solo son sueños   167
Venenoso placer   169
Por necia   171
El mundo es una mentira   173
Caos   174
Tus rincones   175
Rosa apasionada   177
Jack   179
100 besos franceses   181
Otra vez nublado   182
Oscuro   183
Lentes claros   184
El llamado de la costa   186

Pensarte 188
Gato negro 189
Futuro incierto 190
Vinagre 191
Letras de doctor 193

Una belleza inigualable se plasma en las palabras; a simple vista de aquellos pocos interesados en la hermosura de la rima, la observarán como simples letras a las cuales no le hallarán sentido. Pero para aquellos que buscan la epifanía en los versos, encontrarán un mundo donde los pensamientos serán abrazados por los sentimientos.

— *Karoline Acosta*

PARTE I
Espíritu en soledad

Amor y tacto

¿Por qué la gente ve el amor
como algo morboso?
El amor no es solo deseo,
el amor no es solo pasión;
el es mil cosas, pero no eso.

El amor es la divinidad
absoluta del alma,
el desinfectante de
los malos sentimientos.

El amor no es solo
un apetito sexual.
El amor es alcanzar
la celestialidad.

La unión de dos seres
no es solo un orgasmo.
La unión de dos seres
es el contacto físico
para llenar la parte faltante.

Es algo serio entregar tu virginidad.
¡No es un juego!

Hacer algo impulsado
por el deseo, no es más
que una sensación momentánea
y pasajera que solo
dejará secuelas.

¿Por qué al mirarse no
pueden amarse sin tocarse?
Si el amor es un acto que
no necesita del contacto.

¿Por qué al pensarlo
solo ven la lujuria?

El amor y el tacto no
tienen unión ni ataduras,
son dos partes diferentes,
pero ambas deben ser
consideradas como algo bello,
algo etéreo; algo que se debe dar
cuando llegue el momento.

El chico de la plaza

Tormenta de arena
veo en tus dos ojos.
Pétalos de rosa
veo en tus labios.
Ardiente verano
veo en tus mejillas.
La belleza sin límites
se refleja en ti.

Escuchar tu voz
es como un sueño,
la nota más preciosa
de mis solfeos.

Tu cercanía provoca
terremotos en mi corazón.
Y, si tan solo la fortuna
llegase a mi vida, estoy
segura de que esa serías tú.

—*Para el chico de la plaza*

Valiosos y dolorosos recuerdos

¿Hace cuánto tiempo fue?
Ya casi no recuerdo
el dolor ocasionado.
Mi sonrisa aparece
en mi rostro,
más mi corazón
llora de tristeza.

Cómo dueles
hermoso recuerdo,
me llenas de nostalgia,
me regresas al pasado
una y otra vez
como un disco rayado.

Gritó mi sangre ante
el filo del cuchillo; corta y corta,
pero no hallo el dolor,
veo la oscuridad manchada
de su rojo vino.
El tacto de mis dedos
pasan por el líquido,
mis ojos lo ven angustiados.

Llega el invierno cubriéndolo
con su nieve fría...
Mi cuerpo se agita, siento el
miedo recorrer por mis venas,
mi respiración se entrecorta con cada
palabra con punta fina.

Me he vuelto una esclava
más del sufrimiento eterno.
El agudo sonido
que eyacula mi boca,
presiona como pequeñas
estacas acabando conmigo.

Mi existencia, siento
que voy en reversa.
Sostiene mis tobillos
arrastrándolos con intensidad
hacia la esquina de la
temible decepción presente
en las miradas de algunos
seres valiosos como los
metales preciosos para mí.

No observen, no observen
a este monstruo, no miren
sus heridas ocasionadas
por el látigo del castigo,
omitan cualquier secreto
que les he contado.
Recuerdos llorosos,
los amos tanto,
son tan inexplicables.

Duelen, son como un
suicidio para mí, sin embargo,
los aprecio tanto, los abrazo
como si fuera la última vez.
Llenos de maravillas,
son magníficos, su belleza
es divina... Más no puedo

evitar el sufrimiento.
No puedo evitar,
Sentirlos dentro.

Sal en la herida

Solo sus palabras;
su presencia es dolorosa e incómoda.
No quiero su cercanía.
Quiero la distancia entre las dos.

Porque la decepción
es peor que el dolor...
Lastima pero no
duele lo suficiente.
Sin embargo, carcome cada
pedazo
de sentimiento
bueno que tengas.

Mis lágrimas son valiosas,
pero aquel día fueron
desperdiciadas en ti.

Aquel vacío ocasionado
por mi semejante,
por mi sangre.
Corta mis venas en un dolor
desgarrador, que pinta mi alma
de un color vino tinto.

¡Déjame en paz!

Porque entre
más pasos das,
más espantas mi ser.

Veneno que
oscurece mis días,
ya no eches más
sal en mi herida.

Mundos hallados

Yo creía que solo servía para
tirar palabras tristes
en páginas vacías.
Yo creía que solo
escribir mis sentimientos
abrumadores me serviría.
Y me ayudó.

Pero siempre
construía mundos nuevos en
mi imaginación y, un día
inesperado, los versos,
poesías y pensamientos
se convirtieron en personajes
llenos de sentimientos,
y un abrazo que reparó
mi alma y corazón.

Camino descalza entre
un montón de metáforas.
Palabras, personajes,
historias nuevas que en
mi mente se congelan.

Quizá no tenga mucho
sentido para ti...
Pero estas cosas
dicen mucho de mí,
que me paso las
noches enteras en vela,

viendo cómo mi
imaginación vuela.

Para escribir algo
nuevo y diferente,
para escribir algo que
asombre a un montón
de gente. Aunque esté
loca nadie lo sabe
porque todo lo escondo
detrás de mis personajes.

Cielo gris

El gris de un cielo solitario,
en donde las aves ya no vuelan
porque temen que los relámpagos
dañen sus ligeras alas
con el sentir del viento.

Un sol que ya no se aprecia,
pero se nota la hermosura
de las nubes negras
con su pintura de tristeza,
de emociones que se
dividen en mitades
como la noche y el día.

Lágrimas vacías caen
de un corazón roto,
que apenas es iluminado
por un pequeño naranjal
de flores imaginarias
que pintan su agonía
con una gota roja
de ardiente felicidad.

El cielo vuelve a levantarse
de todas esas tormentas cambiantes
repletas de tornados y huracanes
que se llevan consigo almas humanas.

Almas.

Su luz se pierde en la noche,

sus nubes grises se
convierten en algo invisible.
Y la luz despierta el cielo,
recordando vagamente que
un gris alguna vez espanto
a más de una vida,
con belleza negra y furia
de la madre naturaleza.

Nostálgica por un
sentimiento inexistente

Escena de dos
personajes enamorados.
El hombre descubre
en su corazón que su destino
es esa chica alegre y llena de vida.

La besa, la besa, la besa como loco
entre sonrisas con falta de aliento.
Y, ella quien observa
aquella escena frente a
una pantalla, llora.

Lloro, y no entiendo
el por qué. Si al fin llegó
el momento esperado para mí.
Que ellos dos se confesaran,
se amaran. Pero lloré,
lloré porque mis emociones
nunca ha sentido las de ellos,
porque mi corazón nunca
ha probado el sabor de un beso.

Porque me siento nostálgica
por un recuerdo inexistente,
porque mi mente se pierde
y se tortura a sí misma,
porque mi adicción
al amor no para,

y me siento triste
porque nunca sentí nada.

Que así sea

¿Qué me está sucediendo?
¿Por qué estoy tan confundida?
¿Qué me has hecho?
¿Estaré loca?
¡¿Qué rayos tengo en la cabeza
para seguir pensando en ti?!

Me niego, me niego
a aceptarlo, prefiero morir de
dolor que dar la razón.
Toda la vida pensando
en mi maldito espejismo;
toda la vida siéndole fiel
a alguien inexistente.

Y tú apareces a arruinarlo todo,
a jugar con mi mente.
No sé lo que siento.
¿Culpa?
¿Dolor?

Mi alma y corazón se debaten
en saber si esto es un delirio
o un hermoso sueño,
mas prefiero negarte
y guardarte dentro de la caja
de lo prohibido,
porque esta daga filosa
acabará conmigo un día de estos.

Entre más te olvido,
más te siento.
Y, aunque duela,
aunque me queme en el infierno,
te querré en la distancia,
olvidando que alguna vez
me entregaste tus sentimientos.

Querido amigo,
querido compañero,
delirio a distancia,
creo que me he enamorado de ti,
porque sueño contigo y me siento terrible,
porque esto duele,
porque esto me ahoga.

Sin respiración me quedo
y mis pulmones gritan por tener un poco de aire,
mi presión subirá hasta quedar postrada
en la cama de un hospital.

Yo no puedo amar,
es mi triste realidad,
porque si yo muero sufrirás.
Este ser vacío no puede hacerlo,
y así en mi soledad agónica viviré,
pensando que si me odias a mí,
estarás bien.

Soy una egoísta, lo sé.
Egoísta conmigo y egoísta contigo,
pero si morir de amor será el camino por
el resto de mi existencia,
querido amigo, que así sea.

Diez mil pensamientos

Diez mil pensamientos,
uno detrás de otro,
envueltos con emociones agónicas
que me impiden el sueño.

El sol se levanta y cae.
La vida llega y la muerte se asoma
entre cunas de recuerdos jóvenes.

Mi alma sale,
al igual que los diez mil pensamientos,
disparando a quien cruce
su camino misterioso.

Ya no hay valentía,
ni miedos, ni honor.
Solo un ser que sigue sus deberes,
como un hombre que es consciente de su muerte
al ir a la guerra.

Quien piensa con
premeditación cada paso,
antes de que las serpientes
envenenen sus pies descalzos.

Observando movimientos claves
de inteligencia oscura,
utilizada para quien
ignora su alrededor,
los ciegos de mente.

Atorándose con tanta mentira
y volviéndola verdad,
con explicaciones erróneas
que solo extienden las calles de asfalto,
asfixiando el césped verde.

Regresa a mí cada
pensamiento plasmado
con palabras de hombre muerto.
Con escritura muerta,
de lengua muerta, como aquel libro,
quien me dijo aquellas palabras
con olor a césped puro, a verdad idónea.

La energía del todo fluye
como verdades ante nuestros ojos,
apenas tapados con delgados mantos
de seda blanca y negra.

Tras la portada

Quiero leer hasta que
mis ojos queden ciegos.
Quiero escribir hasta que
mi espíritu pierda la inspiración.

Quiero hundirme en las
letras y jamás salir.
Quiero ser amante
y traidora en una historia.

Quiero crear mi propio mundo,
quedar atrapada por la imaginación,
y detrás de la portada de un simple libro.

Luna

Como un momento de ataraxia,
la noche cae dejando ver
en su firmamento hermosos diamantes.

Y, en entre tantos,
brilla una joya magnífica
con tal intensidad que,
al verla, hasta el más amargo
con el corazón partido
se vuelve a enamorar.

Ni las gardenias logran
superarla con su
desbordante belleza.
Ni los soles en la inmensidad
logran apagar el reflejo
de tan valioso espejo
que ilumina en la oscuridad
con su blanca luz,
los senderos que
guían a los bosques,
que guían a su pureza,
convertida en parte de la realeza.

Querida compañera

Querida compañera,
cada día espero tus
abrazos llenos de amor.
Pero al ver que no llegas,
mi cuerpo y espíritu
se llenan de decepción.

¿En dónde te encuentras?

Ya no veo tu presencia en las palabras,
todas están llenas de nada.
Mi alma cae en un mar de melancolías...
¿Por qué te has ido?

¡Dime!
¡No te quedes muda!

Lo había olvidado...
Yo te alejé.
Pero la culpa no fue mía,
sino tuya.

Tú cometiste traición.
Te aprovechaste de mi confianza
Y, con ella tiraste al mar
todas mis esperanzas.

Aun siendo tan parte de mí,
aun compartiendo la sangre,
aun siendo familia,

me traicionaste.

¿Cómo podría darte el perdón?
Si ni siquiera mereces mi compasión;
pero veme aquí
derramando gotas de agua salada,
al igual que mi alma.

Tu daño fue severo,
tu daño me destrozo el pecho.
No debería pensarte,
pero es inevitable.

El lazo que nos une es muy grande.
Sin embargo,
el karma llega para todos...

Cuando lo pagues,
quizás algún día te hable.

Mensaje a un escritor famoso

Plasmas versos y
palabras en Wattpad.
Yo hago lo mismo,
un mundo solo para mí,
en ese lugar en donde
puedo alcanzar la felicidad,
aunque sea por un momento efímero...

Palabras, palabras y más palabras,
pero están llenas de metáforas,
siempre se esconden una detrás de otra,
y las olas de mi corazón las devora,
las arrasa, se las lleva la
marea de mis pensamientos ocultados
en un lugar secreto.

Así me siento cuando escribo.
¿Cómo es para ti?

Luna, sol, día y noche

El cielo despierta
del color anaranjado,
de una estrella ardiente.
Que besa un cielo oscuro
antes que desaparezca de sus manos,
y se desvanezca.

Las nubes se ven rebosantes
y extasiadas de tantas ambrosías,
quienes son brindadas por diamantes
que adornan el firmamento negro.

El día se funde con la pasión nocturna,
en cada amanecer, en cada anochecer.

Se acarician las alas,
se sienten con el viento,
y respiran el aroma de sus cuerpos,
los eclipses unen las almas
de dos polos opuestos,
quienes no serían capaces de transmitir energías
si fuesen iguales.

Los colores cálidos se vuelven fríos,
pero no apagan el fuego de la noche,
ni disminuye la pasión del día.

Y, solo en la mitad del ciclo,
se rozan los labios,
tomándose el uno al otro,
antes de que el amanecer

y su crepúsculo lleguen.

Cansada

Cansada de la vida,
cansada de esta historia,
cansada de que todos me pidan cosas,
y que nunca me ayuden
en lo que verdaderamente importa.

Cansada de los mandatos,
cansada de las personas,
cansada de quienes dicen quererme
y después me lanzan por la borda.

Cansada del mundo,
cansada de las palabras,
cansada de buscar la verdad,
en donde solo hay mentira.

Cansada de las serpientes,
cansada de los leones.
Cansada del miedo.

Y temo por dormir
porque después me destrozan,
sacando de mí hasta la última gota.

Cansada de los hipócritas,
cansada de la maldad,
cansada de todos,
porque aquí solo
abunda la oscuridad.

Cansada, cansada...

Cansada de los cobardes,
cansada del ego,
cansada de que cada persona
solo se fije en el espejo.

Cansada de los ignorantes,
cansada de los ciegos,
cansada de ver que tienen la verdad
frente a sus ojos
y no la ven en ningún momento.

Cansada del sistema,
cansada de las falsas cuentas,
cansada de la violencia,
cansada de que el odio abunde,
cansada de que la locura se apodere,
cansada de tener gente
que no piensa con la cabeza.

Cansada de muchos,
y de ser feliz con pocos...
Y lo digo otra vez,
cansada del mundo.

El sonido del corazón

Entré, entré en aquel lugar
lleno de notas musicales
que inundaban los pasillos
de un mundo de melodías,
para los oídos amantes de la música
pura y viva.

Si la vida fuera una nota musical;
que bella sería, mas la música
solo forma parte de la vida,
sin embargo, no la acapara totalmente.

Pero para mi corazón,
mi vida se transformó en música
al escuchar los sonidos de instrumentos
usados por aprendices y profesores,
enseñando el arte de la magia
en las teclas de un piano,
en las cuerdas de un violín
y en el sonido grave del chelo.

¡Magnífico! Logra gritar con
euforia mi mente, mi interior.

Camino pasando por cada puerta,
mi vista admirando.
Deleitándose con los sentimientos
tocados en cada instrumento
por sujetos concentrados
en no tener errores
ni contradicciones.

En aquella ola que se avecina,
al tocar con alegría aquel objeto
que llena de vida su ser.
Su talento es inmarcesible,
imborrable,
al igual que el mío.

Mi canto pide a gritos
ser el acompañante
de tan perfectas melodías.
Desea con desesperación saborearlos,
probar de esa ataraxia,
calmante de mi atormentada mente,
mi escape del calvario.

Música, tú me has descubierto,
me has salvado de la falta
de atención hacia mí,
y ahora vuelves como luz renovadora
a sacarme una sonrisa,
llenándome de gloria.

El ardor de tu ritmo
consume mis ansias,
mis pulmones se
cargan de tu vibración,
mi conciencia cae a los
pies de tu sonido melifluo,
si los pasillos del instituto están llenos de ti,
entonces jamás quiero
alejarme de tu presencia,
mi alma y pensamiento
ahora son presos
de tus alas cubiertas

de canciones.

Espíritu fantasmal

Flotaba en el aire,
su velo destellaba una luz blanca.
En medio de la oscuridad
buscaba un lugar
en donde su espíritu atormentando,
pudiera descansar.

Aunque sus pulmones ya no estaban,
podía sentir la brisa atravesando su esencia.
Su corazón inexistente
palpitaba con fuerza
llenando el vacío del eco.

La espesa neblina
que le daba forma era lo único
que se podía ver en la distancia.

Sus párpados transparentes
como el agua cristalina
buscaban el color negro del silencio;
pero no había lugar
en dónde esconder su deseo por soñar,
su deseo por volver a vivir,
los anhelos perdidos
de un simple mortal.

Ahora tan solo es la eternidad
que vaga buscando
aquel último aliento de vida.
Se acerca y se evapora en el firmamento,
pero yo sé que sigue ahí...

Tan solo tapado
por un ligero manto
de invisibilidad.
Aquel ente flotante jamás
será borrado de mi memoria,
porque en mis más profundos
sueños sus tormentos me envenenan.

Puedo escuchar aquellos
susurros agonizantes,
puedo sentir su moribundo
cuerpo siendo abandonado por su alma,
aquella cárcel en donde una vez
descansaba un espíritu
sediento de libertad.

Llorar

Dicen que llorar es de débiles.
Dicen que llorar es de cobardes.
Dicen... Pero yo les diré por qué lloro.

Lloro porque mientras todos vivían
en su mundo alegre,
yo cuidaba de sus crías
dentro de cuatro paredes inmensas.

Lloro porque el tiempo
me hizo amar algo
que no me pertenecía.

Lloro porque pasé hambre,
mientras ellos botaban la comida,
dejando mi plato vacío
y lleno de cansancio físico.

Lloro porque perdí mi hogar,
vi a mis padres
alejarse con el viento,
y, aunque fue por un corto
periodo de tiempo,
con ocho horas bastó
para destruir mil sueños.

Lloro porque tenía tan solo trece años
cuando intente proteger
con una escoba en mano
mi casa, y el trabajo de mis padres.

Lloro porque el dinero
abusó de la pobreza,
y compró a la justicia.

Lloro porque no quería
odio en mis adentros.
Lloro porque mi abuela
murió de una enfermedad
que devoró su cuerpo entero.

Lloro porque no le dije
adiós a un pariente cercano.

Lloro porque me enfada ver
cómo mi hermana le grita a mi madre.

Lloro porque mi padre y
madre se zurraron las
espaldas por criarnos
y solo recibieron caras frías
y desobediencia.

Lloro porque conocí
la traición ajena.
Lloro porque el veneno
siempre estuvo cerca
y mi madre no se dio cuenta.

Lloro porque necesitaba
sacarlo todo afuera
y tener fuerzas.

Lloro porque me desgarré el alma
para concentrarme en lo mío.

Lloro porque un policía
me apuntó con su arma aquel día
en el que perdí mi casa.

Lloro porque una manada de cachorros
y lobos rompieron mi libro
de segunda mano en primer grado.

Lloro porque sufrí seis años,
aguantando la crueldad
de unos infantes y sus maestros.

Lloro porque fui
tirada de las escaleras
 un par de veces.

Lloro porque fui engañada
por una persona quien
aseguró ser mi amiga.

Lloro porque después de las risas,
un tiempo después de
que estaba en la música,
quisieron tratarme bien
con sus miradas hipócritas.

Lloro porque de las lágrimas aprendí
que la tristeza se echa
de las puertas de tu alma,
para que nadie vea tus debilidades,
y enfrentes el dolor, aunque
los cocodrilos muerdan tu espíritu.

Mi soledad y yo

Desde pequeña
siempre has estado ahí,
presente e inexistente.

Me acostumbré tanto
a eso que enloquecí.
En el fondo de las conversaciones
todo el tiempo te encontraba;
dispersa en todo mi alrededor.

Amé, y me alejé tantas veces,
me uní a ti. Ahora soy
dependiente de mí misma.
Yo... mi única acompañante.

La única que puede entenderme,
porque ni los cielos pueden hacerlo.
Quise tanto mis pasos mudos,
que al fijar mi vista en alguien más
este se hacía nulo.

En pocas ocasiones
me hallé llorando en la oscuridad
de la amarga noche, aun así...
adoré aquellos momentos.

Hoy, solo quiero regresar
de nuevo a tus brazos,
deliciosa soledad.

A mis espejismos
y engaños.
Hoy y tal vez mañana,
ya no quiera seguir a su lado,
solo del mío.

PARTE II
Para el chico de coro

Ojos negros

Cielos oscuros
veo en tus ojos.
Agonizante misterio,
me sumerge en su
lago de anhelos.

Labios perfectos.
Hombre creado de mil sueños.
Dolor pasajero y placentero.
Sonrisa deslumbrante
con historias raras cual contar.

Divinidad prohibida
con sabor a sufrimiento.
Manos fuertes y tentadoras.
Nariz respingada que respira
los más deliciosos aromas.

Pelo color del universo.
Intensidad en cada
uno de tus destellos.

Eres tú, el chico de los ojos negros.

—Para el chico de coro

Títere de madera

Siento que me pierdo
en un camino de oscuridad.
Ellos quieren venir por mí.
Se llevaron todo.

Dejaron retazos de telas
mal cortadas por el suelo.
Me cosieron con esos retazos,
y sellaron mis labios por la eternidad.

Me siento histérica.
Quiero acabar con todo,
quiero acabar con mis demonios.

Pequeños títeres de madera
que quieren controlar mis pensamientos,
no dejaré que me sigan consumiendo.
Pueden perderse en el rincón del olvido,
meterse en la maleta de cosas viejas,
ser baratijas arqueológicas borradas
de mi historia.

Sean lo que es,
y lo que no fue.
El ser, y no ser.
El yo, y el no soy.
Sean todo, sean nada.

Quisieron sacar el
oxígeno de mis pulmones.
Quemarme hasta hacerme carbón.

Pero ¿quién puede quemar al fuego?

Solo enriquecieron mis llamas,
quemando con ellas bosques enteros.
Mi cabeza es un oasis de delirios,
de tormentos, sentimientos,
recuerdos y anhelos.
Soy profunda como el mar.

Hay tantas cosas que
descubrir en mí,
y mi amor inexistente
me acompaña en la soledad
de mi barco naufragado.

Ella es agua,
yo soy fuego.
Ella es agua,
yo soy aceite.
Ella es veneno,
yo soy medicina.

Querida soledad,
si tú y yo estamos solas,
¿por qué hay tantas
sombras tras mi espalda?
Me quieren convertir
en su muñeca de trapo.

Cansada de tener tantos agujeros
en sus retazos de telas,
Me llenaron de flores,
engañaron mi corazón
con algodones de azúcar.

¡Malditos ojos negros!
Son la tentación de
mis demonios internos.

Tú eres el titiritero,
quisiste meterte en mi mente
para inmortalizarte en ella.

Ojos de la oscuridad,
de las tinieblas de mi espíritu.
Encarcelando libertades,
poniendo limitación
en cada callejón
dejándolo sin salida.

Mi amor de ojos negros,
maestro del engaño, espejismo.
Confusión, perdición, cocaína.
Maldito y amado espejismo,
me acorralas en tu callejón sin salida.

—*Para el chico de coro*

Pupilas estrelladas

Hace mucho tiempo
conocí a alguien de ojos negros.
Creí ver tormentas en ellos,
creí ver un pozo sin fondo.

Me perdía en su
laberinto de emociones,
me convertía en hielo
con el roce de su mirada.
Si sonreía sus ojos se achicaban
y el color negro de su
mirada hacía que el cielo
vibrara en su infierno de pasiones.

Solo una vez fui espectadora
de tan penetrantes ojos.
Me asfixiaron y sacudieron
mis pensamientos.

Solo una vez pude sentir el frío,
el calor, la combinación
de dos opuestos en ambas pupilas.

Vi el río recorrer en ellas,
y la presencia de su soledad.
Misterios y dimensiones ocultas,
me asomé a la ventana
y caí del balcón de su mirada.

Jamás volveré a ver
tales ojos misteriosos,

ni sentir escalofríos.
Porque aquellos ojos negros
se fundieron con la noche estrellada,
y se perdieron entre
las luces del firmamento.

—Para el chico de coro

No pude

Debí hablarte cuando tus ojos miré.
Debí olvidarte cuando te dejé de ver.
Debí calmarme cuando contigo tropecé.
Debí seguir mi rumbo,
pero no lo logré.

Debí gritar que te amaba
cuando la espalda me diste.
Debí besarte, pero no lo hice.
Debí hacer tantas cosas
y dejar de arrepentirme.

Debí abrazarte cuando
con tus ojos me lo pediste.
Debí hacer tanto, y no hice nada...
Tan solo me quedé
con el recuerdo de tu mirada.

—*Para el chico de coro*

Hablarte

Si tan solo me hubiese
atrevido a hablarle,
probablemente te hubiese
dado una nota con tres poesías,
y un beso en la boca
con sabor a ambrosía.

——Para el chico de coro

Por ti, soy poesía negra

Hoy fue un día estresante.
Llegué a casa y me sentí tan cansada,
pensé que el mundo que me rodeaba
se derrumbaba a mi pies.

De repente quiero llorar,
jamás me había sentido tan estresada.
Y me pregunté,
«¿Cuándo llegará el amor a mi vida?».

Durante toda mi existencia
he estado sola,
tan sola que me pregunto
si el amor es lo que realmente deseo.

¿Cómo saber si es lo que quiero,
si nunca lo he tenido?
Quizá solo deseo probar,
para después anhelar debidamente,
y quererlo de verdad.

Vaya desdicha.

Siento que amo,
pero no estoy segura.
Quiero arriesgarme, pero no está.
Deseo probar,
pero no hay oportunidad.

¿Entonces?

Me convierto en una caja,
en cuyo interior
guarda una gran roca.
Una roca, la cual
no sé qué pueda ser,
quizá se trate de un fósil,
quien fue una vez un corazón.

Fue tan estresante,
estaba perdida,
sofocada,
asfixiada,
destruida.

Jamás debí fijarme en él,
me está matando.

Me consume,
he intento ser un fénix
que renace de las cenizas.
Quería gritar, golpear algo.

Sentí la necesidad de buscar
un lugar en donde descansar,
y cerrar mis ojos eternamente.
Deseé, aun sabiendo
que los deseos
traen sufrimientos.

Llegué a casa,
me encerré en mi cuarto,
y ahora escribo,
narro,
siento,

vivo,
y vuelvo a ilusionarme
con sus ojos negros e infinitos.

¿Estoy loca?

Soy una despechada
que se sienta a tomar
una copa mientras le expresa
el dolor a un amigo.

Lo siento,
siento que fallo.
Morfeo me absorbe
con los encantos de un sueño,
me desvanece en el viento.

Y, aquella obsesión
por esos ojos negros,
se transforma en un dolor
pasajero y placentero.

Me aferro al dolor,
porque si no lo siento,
entonces seré un corazón fosilizado.

Mi dolor, es producto
de algo hermoso,
de una mentira,
de una atracción,
de un sentimiento
al que llaman amor.

Sí, quizá ya he probado

el sabor de su dulzura.
Tal vez he rosado una parte de ellos,
pero es triste saber que está lejos,
que siempre será algo inalcanzable,
que tendré que correr por la tierra
para buscar ese amor perdido.
Ese amor con cuyo cincel
moldeé esta roca endurecida.

—*Para el chico de coro*

Inmortalizado

Conté los segundos,
horas, minutos, días,
noches, tardes, mañanas,
meses, años, siglos, milenios...

Pero nunca, nunca pude dejar
de dibujar la silueta
de tu cara en mis sueños.
Jamás pude sacar la espada
que atravesó mi corazón.

Me sentí helada por tanto tiempo,
esperando esa lava ardiente
que alguna vez me acorraló.
Lloré internamente,
no quise regalarte lágrimas físicas.

Mordí el interior
de mi mejilla, estresada.
Y, hoy aquí, te inmortalizo,
masoquista, recordando
esa bella sonrisa.

Maldito serás,
hoy y siempre, porque,
a partir de ahora
ya nadie podrá olvidarte.

—*Para el chico de coro*

PARTE III

Para mi maldito espejismo

Amarte es dolor

Dolor intenso que se
acurruca en mi pecho.
Esperar por ti, yo
ya no tengo remedio.
«Pero tú lo has provocado,
que te ame como si
el tiempo se acabara».

Olvidarte no puedo,
ya es imposible hacerlo.
Solo eres un simple
pensamiento que se
apodera de mis deseos.

Mi meta es encontrarte,
mi meta es demostrar
que un tal vez entre
nosotros puede ocurrir.

Fantasía, tentadora fantasía...
Personaje principal de
mis más profundos sueños.
Amarte es una estupidez,
yo más que nadie lo sé.

Pero ¿lo ves?
Sigo aquí
sentada esperándote,
que aparezcas de la nada
y me asombres.

Que beses mis virginales labios,
que seques mis lágrimas
jamás derramadas.
Tan valioso, tan preciado,
tan irresistible, que
mi corazón se derrite.

Has provocado que me
vuelva esclava de los versos,
llenos de tristezas arrasadas
por tu viento tormentoso y pasajero.
Mi amargura, mi sal, mi azúcar.

El principio y fin de
mi abismo de pasiones.

Mírame, mírame y dime
que eres real, que te
quedarás y me amarás...
mi precioso mar de melancolías,
mi eternidad, mi paz...
Que doloroso es amarte,
¡maldito espejismo!

—Para mí maldito espejismo

Sueños prohibidos

Dulce sensación erótica.
Te siento colarte bajo mis sábanas,
imaginado que eres tú
quien toca mis ansias.

Estremeciendo mi espíritu.
Primera vez imaginaria,
primer beso apasionado.
Como río recorres
mi cuerpo deseoso de ti,
teniendo tacto de lo prohibido,
y yo probando de tu ambrosía...

Rasgando pieles apasionadas.
Desviando tu mirada hacia la lujuria.

Envolviendo mi ser
con tu infierno ardiente,
y yo aquí imaginando
en mis más profundos
sueños que te siento.

Mas solo eres
un ser que no existe.

—Para mí maldito espejismo

Te espero

Te espero, te espero
porque quiero tu amor.
Te espero porque deseo verte.

Te espero porque mi alma
grita angustiada.
Te espero porque me fundo
sino te escucho.

Te espero porque
eres mi amanecer
y crepúsculo.
Te espero porque
pinto tu imagen
en mis espejismos.

Te espero porque
no quiero caer en
un agujero negro.
Te espero porque
eres la estrella
que alumbra
mis desgracias.

Te espero porque la
fragilidad de tu alma
me pide protegerte.
Te espero porque
eres mi retoño,
mi paisaje para
contemplarte.

Te espero porque
un recuerdo
me susurró tu nombre.
Te espero porque
te robaste mi espíritu.
Te espero porque
te fuiste a emigrar
con la demás aves.

Te espero porque apagaste
la llama de mi vela.
¿Cuándo regresarás
para volver a encenderla?

«Te fuiste sin darme
un apretón de mano.
Con el tiempo me fui
convirtiendo en un frío soldado».

Te espero para
recuperar mi primavera.
Te espero porque
no me has dado
mi primer beso.

Te espero,
porque solo sé esperarte.

—Para mí maldito espejismo

Tristezas encontradas

Mi pecho se quema.
La sangre se evapora,
dejando inerte
mis sentimientos.

Amargura quien corta
mis adentros, tú.
Látigos de mis recuerdos
ausentes, tú.
Amores imaginarios
y dañinos, tú.

Tú, quien rompió
la vasija de cristal,
y quien cortó sus dedos
intentando reparar algo
que no tiene arreglo.

Tú, verdugo de los miedos,
y amante de los deseos.
Tú, el principio
de una conciencia
y el final de esta.

Tú, abrigo del alma,
e invierno de mi soledad.
Tú, quien prendió
fuego a mi pecho,
y se llevó mi sangre
como humo al cielo.

Tú, quien me amó mil veces
y me dejó en la distancia.
Tú, a quien besé en sueños,
y me abrazó en la oscuridad.

Tú, invasor de lo prohibido,
y demonio de mis pensamientos.
Tú. mi tierra, agua, aire y fuego.
Tú, amor de una noche.
Tú, caricias de un barco naufragado.

Tú, virtudes de mi espíritu.
Tú, mi saludo y adiós.
Tú, mi muerte, agonía,
y esperanzas inalcanzables.

Tú, mis tristezas
encontradas, y mi mar salado.
Tú, tú... Mi maldito
y amado espejismo.

—Para mí maldito espejismo

Sedúceme

La poesía es seducción.
La poesía es hacer el
amor sobre sabanas rojas,
el color de la pasión.
Envolver pieles ardiendo en llamas
y plasmarlo sobre páginas blancas.

Besar con las palabras
y susurrar a sus oídos
el deseo que sientes.
Rozar pero no tocar,
haciendo que tu víctima
muera de placer con solo pensarte.

Si me sedujeras
de esa manera,
caería ante tus palabras
cubiertas por las rimas.
Te besaría con la mirada,
y rogaría por escuchar
tus apasionadas poesías.

Dejaría que tus manos
fugaces resbalaran por mi piel,
dejaría que la lluvia me
empapara con sus escalofríos.

Dejaría que incendiaras
mis pensamientos.
Dejaría que tus brazos
rodearan mi cintura y

me levantaran hacia el cielo.

Sedúceme, hazme sentir
que me falta el aliento.
Que necesito de tu tacto
para seguir viviendo.
Transfórmate en mi necesidad.
Roba mi corazón, que todos
sepan que eres el ladrón de mi amor.

Mi amante en las
noches más oscuras.
Mi agonizante misterio
de ojos negros.

Mi vino favorito, mi exquisitez.
Sé mi guía de lo prohibido,
sobre pasa los limites conmigo.
Sedúceme tú, mi maldito
y amado espejismo.

—Para mí maldito espejismo

Si estuviera enamorada

Si estuviera enamorada,
probablemente esperaría
por tu llegada.
Si estuviera enamorada,
sería la dueña de tus más
preciados recuerdos.
Si estuviera enamorada,
esperaría un beso tuyo con ansias.

Si estuviera enamorada,
no podría vivir sin tu presencia.
Si estuviera enamorada,
haría lo que fuera por sacar
de ti la sonrisa más bella.

Si estuviera enamorada,
me convertiría en la mujer
más feliz del universo.
Si estuviera enamorada,
ni el destino podría
separar nuestras almas.

Si estuviera enamorada,
me entregaría a ti
con el primer beso.
Si estuviera enamorada,
te apoyaría en los momento
de tristezas acumuladas.

Si estuviera enamorada,
te ayudaría a subir las

más altas montañas.
Si estuviera enamorada,
fuera una admiradora
de tus «yo» interiores.

Si estuviera enamorada,
te dejaría ir, si algún
día ya no me amaras.
Sí, si lo estuviera,
probablemente sería el cristal,
y tú el que deja caer la
vasija contra el suelo.

Pero no estoy enamorada...
Soy oro puro y duradero,
no un cristal frágil.
No soy tu muñeca
de porcelana.
No puedes dañarme
con tus dagas de plata.

Pero soy tan tonta
que sueño con poder amarte.
Si estuviera enamorada...
Pero creo que ya te amo.

—Para mí maldito espejismo

Porque te entierras en mí como una daga

Cada historia que escribo
es una visión nueva,
un sueño, una realidad
alterna ajena a la realidad...

Pero ahora, me
encuentro encerrada,
mi corazón hace que
mi pecho arda como si
se quemara en el fuego.

Maldito espejismo
que vienes a mí.
¡Estoy llorando
por tu culpa!
Porque te veo, te siento
tocando mi alma
y llevándola contigo.

Si te robas mi inspiración,
no puedo escribir, cantar,
no puedo dibujarte
en la blanca nieve.

Todos mis escritos
se han desvanecido
en la nada de mis laberintos.
¿Por qué?

Porque has venido
a visitar mi mente,
como con cada día,
como con cada noche.
Si tan solo desaparecieras,
podría vivir en paz.

Mas ardo tanto,
que esta llama
ni los siete mares
con sus profundas aguas
podrían apagar.

Devuelve la inspiración y
el aire, porque con cada pestañear
te vas apoderando,
robas lo que me pertenece.
Y, es que las emociones
hacia a ti no paran,
me provocan taquicardia.
Estoy aquí enjaulada,
desahogando mis sentimientos
para volver a escribir las sinceras palabras
de mis ficticios personajes.

Maldito espejismo,
si la reencarnación
no existiera no tendría
que soportar esto,
Ni el tiempo que separó
dos almas esclavizadas en un amor
que envenena la sangre,
que consume volviendo cenizas,
envolviendo como un vendaval

este lamentar que
me deja días sin poder
hallar la inspiración,
sin poder encontrar las palabras
que, por un corto período
alegran a mi corazón.

Amor incinerado

Le canto a las montañas...
En algún punto lejano
me escuchas, sonríes.
Ambos nos encontramos
en el limbo, buscándonos
en la línea del destino.

Una lágrima de dolor se
asomará en las ventanas
de nuestras miradas, se acercarán
a nosotros dos y nos dirán:
Mil galaxias separaron una
luna de la otra, mil soles
incineraron un amor
vibrante repleto en vida,
mil supernovas estallaron
llevándose en sus agujeros
negros los rastros de un
amor que se forjó con la
fuerza de dos almas vueltas lunas.

Irremediable dolor,
solo tiene salida si tú vuelves
en esta vida, no dejes
que me extinga otra vez.

No permitas un corte
más con las tijeras del
destino, no me hundas
en la muerte de tu
ausencia. No, ya no.

Ya han masacrado cruelmente
mi corazón, y sigo, a pesar
del dolor sin poder ver,
aunque sea una vez tu presencia.

—Para mí maldito espejismo

PARTE IV
Para el chico de los dibujos

El pianista

Anoche te vi.
Anoche te soñé.
Mis pasos eran lentos, titubeaban.
Pensé que mis piernas
no soportarían el peso.

Escuché una melodía melancólica
a la distancia, tan calmada y dolida.
Mis pasos se volvieron largos,
mis oídos buscaban
aquella música cautivadora.

En una puerta entreabierta
me pareció ver un pequeño rayo de luz,
aquella luz parecía cantar.
Abrí con los dedos entumecidos
aquella puerta, un hombre tocaba el piano.

Mis ojos se llenaron de lágrimas,
mi corazón dio un salto,
estaba acorralado por esa música...

Y, entre lágrimas saladas,
admiré cada rasgo,
sellé en mi mente cada nota.

Dejándome ir en un lago
de lamentos, masoquismo.
Amé aquel sonido,
me embriagué con las
más dolorosas penas,

y cuando mi llanto
alcanzó el oído del pianista,
la música se detuvo abruptamente.

Observó aquellas lágrimas, confuso.
Tan solo recibiendo de mi parte:
«Lo siento, es tan triste, tan hermosa».
Y, luego un silencio adormecedor
de esos que te hacen soñar.

Me vio huir despavorida
entre la puerta que se abría
a un pasillo oscuro.

Entonces se quedó estático,
confuso... pues, alguien
amaba sus canciones.
Y yo, esa parte de mí se
quedó en esa habitación.

—Para el chico de los dibujos

Obra de arte

Me gusta cuando estás así.
Nervioso, cuando te pierdes
en tus propias palabras.

Mi rostro se ilumina y sonrío...
Eres algo hermoso,
tan placentero como el lápiz
que se desliza sobre el papel.

Como los colores
que se funden con el lienzo.
No sé, quizá haya enloquecido.
Porque hoy la lluvia
me parecieron gotas de arcoíris.

Porque el día pasó lento,
doloroso y angustiante.
Porque me quedé pegada
a tus mensajes, esperando
atenta, aun sabiendo
que no dirías mucho.

Sí, ya he caído en un delirio.
La lluvia me ha contagiado,
los colores vivos se
impregnan en mi espíritu,
en el latir de mi corazón...

¿Escuchas?

Es casi como un

susurro en el viento,
algo amargo, semidulce
que embriaga mi paladar.
Tan adictivo, eres el
sueño que hace no
querer pararme de la cama,
porque es único,
increíble, un paraíso.
Eres mi obra de arte.

—*Para el chico de los dibujos*

Baila conmigo

Bailar es un arte,
se disfruta incluso en la soledad.
La música se cuela por
las venas de tu cuerpo,
obligándolo a mover
los pies a su ritmo,
y, cuando alcanzas el cielo
la respiración se corta,
los pulmones exigen aire;
el tiempo, y los alrededores
parecen haberse impregnado
con la adrenalina, con la felicidad,
esa que ocasiona unos
simples pasos de baile.

—*Para el chico de los dibujos*

Deja que te quiera en silencio

Deja que desaparezca
sin dejar rastros.
Deja que me funda
con el cielo.
Deja que me desprenda
de los recuerdos.
Deja que me hunda
en la tierra.

Deja que salte de
estrella en estrella.
Deja que te quiera
sin decirlo.
Deja que mi silencio
te envenene.
Deja de escuchar,
y solo siente.

Deja de ir detrás de cada cosa.
Deja de pensar en
tantas personas.
Deja ir aquellos
sentimientos;
deja que te llene
con los míos.

Deja que te abrace
y atrévete a soñar.

Deja que me vaya; deja
que me envuelva el viento.
Porque... algún día
regresaré de nuevo a ti.

—Para el chico de los dibujos

Tú, mi opción

Cuando estoy así, ida...
Consolarme parece
ser la mejor opción.
Cuando estoy en silencio,
amarme es la mejor opción.

Cuando te digo que te quedes,
si pido que no te vayas es
porque te he extrañado
todo el día.
Tal vez...
es porque el oxígeno
ya no es vital para mí,
sino tu voz.

Oírte hablar se vuelve mi
única fuente de energía.
Por eso, cuando te digo
«te odio», siempre debes
tener presente que, en realidad
te estoy queriendo.
Porque quererte siempre
será mi mejor opción.

—Para el chico de los dibujos

Respirar

Antes de que te vayas y
desaparezcas, debo decirte
que en cuanto aguantes la
respiración pensaras en mí.
Y cuando lo hagas... yo sentiré
tu falta de oxígeno,
y respiraré por ti.

—*Para el chico de los dibujos*

Artista de ojos cafés

Ya no pienses más en el futuro,
mucho menos en el pasado.
Crea tu presente, vive en el.
Ama lo que eres, vive por tu arte.

Tu eres el arte, los demás...
simples peones en un juego
de ajedrez donde todos
son iguales, excepto tú.
Eres especial, eres las luces
que surcan los cielos. Eres
la galaxia más bella de todas.

¿Por qué no te das cuenta?
Estás ciego, tan perdido
en el exterior.
No ves hacia dentro, no entiendes lo que
tus manos crean,
no sabes lo que tu mente atrae.

Autor de los detalles,
obsesionado con el lápiz.
Espectador, oyente de las melodías.
Tú, fotografía los buenos instantes,
no te quedes solo con los días oscuros.
No olvides que el clima
cambia constantemente...

No te estanques en el lamento,
porque estoy aquí para
contagiarte con la

enfermedad de la alegría,
para despertarte,
darte la visión de
quién eres en realidad.

Para caminar por tus montañas,
adentrarme en tus senderos,
regar tus campos con semillas,
y arrancar las malas hiervas
que en tu corazón habitan.

Cierra los ojos,
respira profundo,
dime...
¿Qué eres?

Yo veo la llama
de la inspiración,
te noto arder en la
pasión que te embriaga,
dulce artista de ojos cafés oscuros.
Dime...

¿Qué es lo que tanto pintas?
¿Garabatos tristes es lo que dibujas?
¿Por qué?
Olvidaste creer en tu espíritu,
todo tu arte se nota triste.

Ya no deseo verte así,
te arroparé con mi manta de lana.
Te susurraré a los
oídos dulces palabras,
para que recuerdes las razones

de tu existencia,
para que te preguntes
por qué amas lo que haces,
para que tus dibujos
ya no sean vacíos.

Para que recuerdes
quién eres en realidad,
dulce artista de ojos cafés.

—Para el chico de los dibujos

Pensando en ti

El cielo se mantuvo nublado
porque te espumaste
entre las olas.
Mis emociones se
mantuvieron serenas,
parecía ser que ya
no habitaban en mí.
Divagando entre mis
pensamientos me llegué a preguntar;
«¿en dónde estás?».

Repasaba con mi
vista los tonos grises,
parecían querer hablarme de ti...
Supe que me
sentía agotada, pues mi energía
se desvanecía,
tú te las estabas llevando.

Tus sueños me abrazaron
por pequeños
fragmentos de tiempo,
gracias a eso pude contener
el huracán que se aproximaba
a la costa de mi espíritu.
Lo siento, debería
entender tu ausencia.

Pero...

No puedo dejar de extrañarte,

porque tu frío me congela,
tu calor me derrite,
tu voz me tranquiliza.

Mi espacio artístico
se ha encogido, porque no estás
para expandirlo.
No sé por qué te has ido
tan repentinamente, pero...
aunque duela
extrañar tus silencios,
estaré aquí esperándote.

—*Para el chico de los dibujos*

Así te quiero

Me estoy quemando por dentro,
estás enloqueciéndome.
Te odio, pero te vuelvo a querer.
En mis pensamiento te encarcelo,
en mi espíritu te anhelo.
Tus dibujos me enamoran,
tu voz me abriga.
Y es que...

Eres un total desastre
al no creer en mis palabras.
Pero yo sí creo en lo que digo,
y sé que te destruiré con un suspiro,
hasta que entiendas que me
matas lentamente con tu
frialdad, tus cambios de humor,
tu enojo que me fascina,
y esa risa que pocas veces
escucho con sinceridad.

Pero me encantas así, tan confundido...
Tan incrédulo, tu insistencia,
esa inocencia que te abarca a veces.
Tus lados tiernos me
endulzan y amargan.

Pero eres así, distinto...
Extraño como un meteorito
proveniente de algún lugar desconocido
en el espacio.

Tú, inseguro de ti,
creyendo en tonterías.
Amándome aun en la distancia.
Así te quiero.

Artista temperamental
escondido entre la penumbra
y el latir de mi corazón.
Estas palabras llegarán
a ti cuando rías,
llores, cuando cantes
tu canción preferida.
Las recordarás repetidamente;
sabes que te lo diré una vez,
solo una vez.

Por eso, no podrás evitarlo.
Será el momento que
más marcado te dejará.
Divagando entre la sorpresa,
arrancando tus cabellos
hundido en la frustración;
sin entender, soñando
con oírlo una vez más.

Esas dulces palabras
con las que solo
la dama de hielo
puede hacerte estremecer.
Querrás besarme
apasionadamente
cuando nuestras
miradas se encuentren.

No habrá posibilidad de
evitar todo ese querer retenido
que se forma como un
nudo en tu garganta.
Estás enamorado de
mi amor repentino.
Así te quiero.

De mis extraños afectos que
pocas veces te doy, para
que luego reclames más.
Los que solo te daré
cuando me plazca,
porque te mantendrá
unido a mí,
esperando esos instantes.

Oh, porque ya estás ansioso,
no sabes cuando será el siguiente.
Odias a la dama de hielo
que tanto te hace esperar,
pero la amas así,
porque en el fondo ella te fascina.

En ese dilema me encantas,
tu indecisión me es adictiva.
Así te quiero.

Buscando la razones
para poder explicar lo que soy.

Intentando cavar profundo,
hallando más complicaciones.
Te gusta la rareza que habita en mí.

Desconoces mis reacciones,
conmigo los adelantos no existen.

Lo sabes, quieres saber
de mis verdaderos pensamientos, no
puedes ni imaginarlos.

Yo también te busco, analizo,
te grabo detalladamente
en mi memoria.
Fotógrafo, quieres plasmar
mi ser en imágenes, pero el
vendaval se mueve de prisa.

Sigues intentando captarlo...
Provocas mis risas,
y alegrías con tus intentos fallidos.
Así te quiero.

Mi chico, la peor borrachera
que un ser humano puede tener.
Eso eres tú,
la obra más famosa del mundo.
El lápiz que difumina mi vida;
tu creación llega hasta aquí.

Te enfurece mi actitud,
pero caes otra vez en este círculo vicioso.
Ambos caemos masoquistamente.
Y así, así te quiero,
querido artista de ojos cafés.

—*Para el chico de los dibujos*

Te odio, te quiero

Todos los días juego a odiarte.
Es lo único que puedo
hacer, fingir.
Ocultar que me haces reír,
que me hace feliz
jugarte malas bromas.
Pero soy así, bromista,
una mentirosa que
dice que te detesta.

Pero no es así, porque
cuando el sol empieza a
iluminar el horizonte solo
sé soltar de mi boca
lindos pensamientos acerca de ti.
Si llueve, te imagino dibujado
en las gotas de agua fresca.

Te digo tanto en mis adentros,
por fuera solo guardo silencio.
Sin embargo, lo sabes;
que salto de engaño en engaño.

De confusión a masoquismo,
de odio a te quieros...
Por esta razón, finjo rencor,
Cuando, en realidad con cada noche
mi locura por ti crece,
y con cada día mi querer.

—Para el chico de los dibujos

Parece

Parece que lluvia solo
sabe decir dos palabras;
una fácil, la otra difícil.
Solo un par de veces las digo,
cuando el sol calienta
al hielo y lo derrite.

Parece que los suspiros solo
saben gritar tu nombre.
Y, que el césped solo
desprende tu olor,
el cual se me hace imaginario.

Parece que la tarde
se apaga entristecida,
cada vez que tus
párpados se cierran.
Parece ser, pero así es.

Siempre escondiéndome
detrás de un «tal vez».
Esperando el frío
de tus sueños,
aferrándome al calor de tus días.

Parece que hace un día
empecé a quererte.
Hoy me doy cuenta de que
han pasado semanas...
Parece ser que no
volverás nunca más,

pero siempre regresas a mí.

Siento el vapor de mis
sentimientos dispersarse
en el aire, impregnándote.
Si duermo te siento,
si despierto te anhelo.

Parece que el clima ha
enloquecido cada vez que
intento adentrarme
en tus laberintos.
Parece que te estoy
mintiendo... pero no.

Porque todo es cierto,
y también que te amo.

—Para el chico de los dibujos

Espontáneo

Eres tan extraño, te quedas
en silencio, pensando en
miles de palabras. Y yo
solo quiero ser capaz de
poder oír todos esos
pensamientos que saltan
en tu mente como
un trampolín.

¿Qué piensas?

Mejor no lo hagas,
solo siente mi corazón en
la distancia y déjate
llevar por mi canto.
Deja que te susurre cosas
sin sentido al oído.
Que bese tu espontaneidad.
Porque así quiero sentirte,
calmado, alocado, pero solo
para mí, solo conmigo.

Ser ese escape mental
que tanto buscas, arroparte
por las noches con mis
delirios, y abrazarte con
mis contradicciones.
Déjate llevar por esta locura
momentánea, que sea la
maestra y creadora de todo
ese vendaval que dejarás

entrar por tu puerta.

—Para el chico de los dibujos

Tres días

Tres días para llorarte.
Tres días para Extrañarte.
Tres días para pensarte.
Tres días para ti.

Solo a ti,
espectro de mi corazón.
Lamentos lejanos,
te daré tres noches y tres días;
para que pienses,
te calmes y te libres
de esta pequeña alucinadora
que solo sabe recordarte en sueños.

Quizá, para que me olvides.
Te arrepientas de amarme,
de quererme entre tus brazos...
Sí, déjame deambular por la tierra
en busca de tu presencia.
Déjame sufrir por amor.

Tres días para escribirte.
Tres días para buscarte.
Tres días para cantarte.
Tres días para ti.

Solo a ti, dibujaré tu
sonrisa inexistente
en las paredes de mi cuarto.
Te regalaré este
preciado tiempo

para que te encuentres
a ti mismo.

Si llegas a extrañarme...
mi pobre corazón de hielo
volverá a restaurarse.
Regresaré a mi lugar,
a tu encuentro.

Pero sé que lo mejor
será olvidarme,
darme la espalda como
todos lo hacen;
Pues ya me acostumbré
a la fría soledad,
a levantarme del barro,
a iluminar la oscuridad.

Aun así, te amo,
tal vez te parezca
que no es cierto,
pero mentiría si dijera
lo contrario, amor mío.
Por esta razón,
te obsequio estas tres noches.

Si me olvidas o amas
con más intensidad,
incluso en la distancia mi
espíritu sentirá tu dolor.
Y esta piedra insensible
estará completamente
a tu merced,
bajo tus alas, ya no habrá

nadie en la tierra,
ni ella misma podrá levantarse
esta vez de tu amor.

Porque he perdido,
si me dejas ahora con algo
de suerte podré seguir.
Si lo haces en un futuro
lejano... serás el ragnarök de mi vida.

—Para el chico de los dibujos

Ignorarte

Intenté, perdí.

Me quedé sentada
observando la lluvia caer,
y con cada gota tus palabras.
En un momento de locura te hablé.
Con la azúcar inundando
mi sangre me confesé.
Te odié, te insulté,
y te amé tan locamente
que creí morir.

Puedes verme ahora,
entregando mis fragmentos
de dolor a ti.
Dándote la vida,
cayendo sobre tu espalda.
abrazando tu corazón,
encerrándose en él.

La abstinencia me
resultó tan dolorosa,
mi conciencia solo
sabía gritar tu nombre.
Mi espíritu lloraba tu arte.
Te he seguido hasta aquí,
los hilos rojos nos unieron.
Las fronteras nos separan,
pero no nuestros espíritus;

Ellos parecen danzar

en el paraíso del sueño.
Y yo... he descubierto
que ya no puedo dejarte ir.

—*Para el chico de los dibujos*

El mal genio del sol

La luna enrojece cuando
la arrastras con
tus palabras frías,
un sencillo «Adiós»
la cambia de color.
Los «Te quieros»
la pintan de blanco;
y es que tu humor la cambian.

Solo hace falta que la
provoques para que la
marea suba y te aplaste.
Tú, eres culpable de que
ella esté fuera de sí.
Se ha convertido en la
guardiana de tus sueños,
te consola entre lágrimas silenciosas.

Tatuó tu rostro en su cara oscura.
Sin embargo, ahora
guarda tu mal genio
en una lámpara mágica...
Encendiendo los
cielos con relámpagos,
porque tu actitud la lastimaron,
dejaron manchas grises
por toda su superficie.

Ahora yace dormida
entre tus cálidos brazos,
encaprichada contigo.

Entre regaños, mentiras,
y pequeños roces se ha
quedado estática en
el cielo, observándote.

Pintando todos tus lados
malos en el firmamento.
Amando tus fallas, obsesionada
con los defectos del sol
quien, de vez en cuando,
recuerda la frialdad de aquel espejo.

Porque la luna es el
reflejo de tu mal humor,
y tú el sol que la ilumina.

—Para el chico de los dibujos

Sakura

Fue en un momento de amargura...
El dulce néctar fue degustado.
Lágrimas de recuerdos
la atacaron una noche,
y ahí se quedó.

Observando la vacía oscuridad
de una habitación solitaria.
Imaginando futuros lejanos
que jamás serian alcanzados
por sus manos.

Creyó ver un invierno eterno en su vida,
pero los árboles de cerezos
crecieron entre las ventanas de su alma.
Viéndolo a él colgado entre sus ramas,
regando sus raíces, cuidando de la tierra.

El jardinero de su corazón,
cuidaste muy bien de cada flor rosa.
No permitiste que el invierno
lastimara sus delicados pétalos.

Porque ella ya estaba cansada
de las malas hiervas que
castigaban su espíritu...
Trajiste el sol, aunque este
quemara tu cuerpo, tan
solo para que los árboles
se volvieran inmarcesibles.

Esa habitación oscura,
por la que tanto tiempo
vivió, se convirtió
en su invernadero de árboles rosas.

Dime ahora si estarás
presente en ella para siempre,
porque ahora se ha vuelto adicta a tus cuidados.
Tan cálida como el
sol que le has traído,
tan fuerte como el
tronco que la sostiene.

Tu tierra negra la hicieron
crecer alta hasta alcanzar
las lejanas estrellas,
dime ahora si toda esa vida
y belleza es digna de ella.

Dile jardinero, dile que
amas los árboles de *Sakura*
que plantaste en ella.

—*Para el chico de los dibujos*

Una eternidad extrañándote

Todo el día pensándote;
luego te duermes o desapareces,
y mis ánimos se vuelven burbujas
que explotan con el aire.

Quizá sea mi destino.
Llorarte con cada ida,
Extrañarte, incluso en mis sueños.
Y verte en el reflejo de cada espejo.

Escribir tu nombre
cada vez que me pierdo
en el recuerdo de tu voz.
Mirar hacia a la luna
para luego sentirme celosa,
porque tal vez la
veas a ella y a mi no.

Tirarme en la cama, fingir
estar inerte esperando que las agujas del reloj
marquen la hora de tu aparición.
Querido amor, no te
vayas sin decir nada,
porque me desvelo la vida en ti.

Vuelve, vuelve cada mañana,
cuéntame mil historias hasta
quedar dormida, escribe
mil cartas para leerte.
Pero apacigua mi alma herida.

Te lo imploro, no me
dejes aquí de rodillas.
Vuelve...
Porque la dama de hielo
se transforma en
vapor con tu partida.

—Para el chico de los dibujos

El sueño de la muerte

Soñé con espadas.
Un ejército me atacó el corazón,
lloré ante el dolor...
Mi cuerpo colapsó por completo.

En medio de lágrimas de sangre,
admiré a aquel artista dibujar
con su lápiz la blanca nieve
que caía sobre mi cuerpo.

Me observa frío,
concentrado en plasmar
en su lienzo la realidad
cruda que sus ojos miraban.

El llanto alcanzaba sus oídos,
pero parecía querer ignorarlo.
Mi artista de ojos cafés
se alejaba con cada trazo
que su lápiz ejercía.

Aquel ejército terminó
por ganar la guerra.
Acabaron con el general...
Supe en ese instante,
que la muerte solo quería
mostrarme el más cruel espejismo.

Respiré hondo, el aire
que salía de mis pulmones
se tornaba blanco, parecía humo.

«Te amo» Logré susurrar,
aun sintiendo que
me daba la espalda.

Y entendí, que aquella
guerra había valido la pena,
aunque hubiese perdido.
Pues mi amor, guardaría mi muerte por
siempre entre sus dibujos.

Ningún soldado alcanzó
a ver la hermosa escena
que se ejecutaba.

Sonreí y, ahí en ese instante,
el dolor se detuvo, recibí a
cambio el mismo gesto de su parte.

El famoso artista me había sonreído,
caminó hacia mi moribundo cuerpo,
me sostuvo de las manos y haló de mí.
Miré atrás, aun se veía la sangre
brotar de mi carne,
pero yo... ya no estaba ahí.

Me había ido al paraíso con él.

—Para el chico de los dibujos

Mi dilema

Cerré los ojos, me sentí
flotar por mi habitación.
Abrí los ojos, te sentí
a mi lado abrazándome.

Cerré los labios, y te escuché...
Abrí los labios, para besarte.
Cerré el puño, para golpearte.
Abrí mi puño, para acariciarte.

Siempre es así, solo en la imaginación...
Te odio, para después amarte.
En la mente, encerrada en mis dilemas.

Siempre volviendo a ti otra vez.
Mi círculo vicioso, mi encanto.
El brujo y yo tu aprendiz.
Mi coñac, el elixir de mis penas.
Cerré mi corazón para olvidarte.
Abrí mi corazón para extrañarte.
Caminando en círculos,
perdiéndome en tu bosque.

Esperándote, corriendo hacia a ti.
Mi neblina, las olas del mar.
La orilla de mi playa,
y las ondas de mi cabello.
Cubriendo todo, tomando nada.

Cerré la puerta, para impedirte el paso.
Abrí la puerta, para volver a tus brazos.

Divagando entre tus historias.
Durmiendo con tus cuentos.
Sentada en la banca,
deshaciéndome en tus desiertos.

Y...
Vuelvo a aquel dilema,
y otra vez caigo en esta pena.

—Para el chico de los dibujos

En el camino de mis pensamientos

Estas semanas estuvimos
alejados, pero te recordé.
Te pensé en el canto del pájaro.
Te soñé en las curvas
de las montañas.

Lancé cada piedra
contando tu nombre.
Me detuve en el atardecer,
las nubes dibujaron tus ojos.

Te pensé al sentir la tierra
bajo mis pies descalzos.
Extrañé la última
lluvia de noviembre...
Escribí cartas pensando
en las fiestas y a ti en mi navidad.
Me lancé al agua, para
hundirme en el recuerdo de tus palabras.

Estas largas semanas
me he dedicado a pensarte.

Cuando el avión despega,
le digo adiós, le cuento
historias esperando que
vuele sobre el techo de
tu casa, sé que es imposible...

Te pensé al sentir el viento.
Te pensé incluso en el silencio.
Te pensé bajo el sol ardiente.

Caminé durante varias horas,
di miles de vueltas sobre mi cama.
Salté obstáculos invisibles.
Y te pensé en cada paso,
en cada respiración, en cada resonar.

En el aullido de mi perro,
en el maullido de mi gato.
Te pensé en el cacarear del
gallo, y hasta en los
gritos de mi hermana.

Te pensé en los regaños,
incluso cuando era ignorada.

Pedaleé hasta perderme con
mi bicicleta, hasta que mis
mejillas se tiñeron color carmín.
Y, ahí cansada, sin
respiración, pérdida en
el horizonte... ahí, ahí te pensé yo.

—Para el chico de los dibujos

Hierve la sangre

Desvelada se preguntó
miles de veces qué hacia
ella con su corazón.
Durmió cuando los ojos le
pesaron de tanto pensar,
y odió que la sangre le
hirviera cada vez que
pronunciaba su nombre.

Soñó.

Observó el entristecido
firmamento, lo vio
caer sobre la montaña
oscureciendo el color
verde que la revestía.

El blanco muro que se
deteriora con el musgo...
Las tantas horas que intentó
arrancar la maleza que
crecía entre sus flores.

Mas se mantuvo congelada,
conservada bajo capas de hielo.
En medio del frío abrazador,
una vela se encendió, su llama
era fuerte y escandalosa.

Sus dedos se evaporaron al
tocar el fuego, ardió como el fénix.

Un infierno se desataba en
su oscuridad de pasiones.

Ella quiso volver, más el
reloj seguía marcando
las 3:30 a.m. Entendió que
debía esperar que los climas
cambiantes de su ser se calmaran.
Cristales rojos resbalaron
por sus mejillas, mariposas
azules se posaron sobre sus cabellos.

Se dejó ir por inercia.
Quería a ese pianista.
Quería escuchar su escala musical
bien afinada. Lo quería, y por
eso se despedazaba por oír
aquella melodía meliflua.
Deseaba quedarse ahí,
sumergida bajo el agua hirviendo.

Cantando sus Tal vez, sus No sé.
Titubeando, dudando y volviendo.

—Para el chico de los dibujos

Conexión dolorosa

Cruel...
Es lo que describe mi
corazón cada vez que
mis pulmones exigen aire.

Amor...
Es lo que escribe mi
inspiración cuando
el odio aumenta.

Querer...
Es lo que mi voz canta
cuando pierde las esperanzas.

Odio...
Son las miradas
tristes que te doy;
El gran afecto que
terminó por dañarme.

—Para el chico de los dibujos

Ebulleciente

En tu boca quiero morirme extasiada.
En las curvas de mis montañas
quiero sentir la seda de tus dedos.
En mi piel ebulleciente,
quiero mojarme con tus besos.

Tan loca, exquisita para ti...
Erótica, delicada,
tu estatua de marfil.
Recorrer tu piel morena,
caer en la oscuridad de tus ojos dilatados.
En ti, en mí, en ambos yo...
Deseo arder, ser aquel infierno que nos lleva a la
corrupción de la mente,
a la perdición de la noción.

En tu tiempo yo quiero
detenerme, con mi lengua
saborear el nirvana de tus deseos.

En tu aliento drogarme,
pero en tus palabras
yo quiero deshacerme,
despojarme de mí,
abrazar tu noche con mis estrellas.

Dentro de tus yo más
perversos, yo quiero hundirme,
quedar atrapada en tu universo.

—*Para el chico de los dibujos*

Morir en tu boca

¿Puedo morir besando
la línea del dulce fruto
que adorna tu cara?
¿Me dejarías tomar las
hojas verdes de tu árbol?
Robar el oro que pesa
en tu corazón, yo deseo.

Calentar mi cuerpo frío en
tu corteza, y tomar tequila
tras tequila en tu
falta de aliento.
Iluminar el triste paso
del fantasma desolado.
Y seducir al zorro que
me escribe cada noche.

Extasiarme, agotarme en
la presión de tus deseos.
Para crear mariposas en
el lóbulo de tu oreja;

Tan solo quiero
quedarme hasta el amanecer
delineando ágilmente tu arco de cupido,
y quedar sorda por el eco de tu cueva.

Nacer en la tierra de tus
pensamientos borrosos.
Florecer en la curvatura de las caricias.
¿Puedo quererte así?

¿Me dejarías desvanecer
entre tus frondosas ramas?

—Para el chico de los dibujos

El último barco

Le gustaba el celeste,
soñaba en grande...
Pero no rompió el cascarón.
Y, cuando el amanecer llegó,
un saludo le di, luego...
respiré hondo y, un adiós
se formó en mis labios.

Si llora o se lamenta.
Si vive o muere en vida...
Cuando el sol acaricia mi piel,
sé que estaremos bien,
que el mar salado que
desprende mis ojos se secará.

Solo entonces podré sonreír
Y, aquellos ojos cafés que
tanto amo se hundirán
en mí como un barco.

—Para el chico de los dibujos

El sepelio de mi alma

Las raíces se filtraron entre
la ranura de mi ventana,
dulces, llenas de vida y belleza.
El cielo azul y brillante
me recordaba que
ya estamos en verano.

La brisa fresca...
Más en mí el invierno
no había acabado, todo mi
entorno me pedía a gritos sonreír,
más yo solo esperaba la
noche para deshacerme
en su oscuridad;
quise tantas veces
volver a ser luz.

Quise tanto, pero mis
manos no retuvieron nada.
Las aves se fueron volando,
despedazando mi cárcel,
herida, cubierta por pétalos
rojos me dejé asfixiar.
Las pestañas de mis párpados
se tornaron blancas de tanto pensar.

La nieve tiñó mis cabellos,
un traje largo cubrió mi piel
desnuda, más bajo la tela había frío,
tanto que mi carne se
quebraba en miles de retazos

que destellaban mi agonía
en todo su esplendor.

¿Cómo puede haber
invierno en verano?
Eso susurré antes de
ser cubierta por hielo.
Bajo aquellas capas vi el
sol brillar fuerte, y observé
las raíces intentando alcanzarme...
Los cielos me recriminaban,
la tierra temblaba por dejarme caer.

Moribunda fantaseé con
el sonido de las olas, risas
envueltas en la arena, y unos
ojos cálidos fundiéndose en mi dolor.

Lloré un par de veces,
incluso después de la
muerte, te miré intentado
recordar tu provenir.
Pero eres débil, decidiste
quebrarte, optaste por
tomar el camino lodoso,
y sonreíste amargo.

Casi, tu sonrisa era
como oler alcohol...
Si fuiste un amor para mí,
mi maldito espejismo o
aquel chico de los dibujos...
No lo sé, aun ardiendo en
el fuego, en el sepelio de mi

propio ser, esa amargura la
reemplazaré por dulzura.

Es lo que me queda,
vivir bajo el sol estando en invierno.
Caminar sobre mi propia oscuridad.

—Para el chico de los dibujos

Apagado

El viento golpeó contra
mi piel suavemente.
El invierno en *New York*
se parece mucho al que yo siento.
Los días calientes en *Panamá*
se impregnaron en mi paladar...

Pero los atardeceres, esos
que, a veces son nublados,
otras pintados con el jugo
de una naranja madura;
aquellos crepúsculos
que siempre he amado, hoy me
observan tristes, cabizbajos.

Me llevan al hemisferio norte, otras veces
al hemisferio sur...
Nunca al Ecuador.

No hay balances, solo
un clima que viene y va, un
tiempo que se detiene
para luego acelerarse.
Unas horas silenciosas, unas
noches repletas en sueños eróticos, un día
deambulando por el espacio,
y un respiro en tu alma.

Me mezclo con la lluvia y
el sol, entre el verano y el invierno,
pero jamás quieta, perseguida,

ahogada por tormentas.

Allí en el desierto nocturno,
bajo alas doradas, amarrada
con las espinas de las bellas
rosas rojas, pulverizada sobre
tierra, intoxicada por el agua,
el dictador, traidor y
amante me recuerda a mi
primavera, a mis bosques deforestados.
A mi fuego apagado.

Piano melancólico

La luz tenue de mis alegrías;
aquellas lágrimas imaginarias.
Ese silencio melodioso,
un nudo en la garganta que me impide soñar...
Ese día nublado, esas lluvias con sol,
ese aroma embriagador.

Mis memorias las recuerdan,
emiten sus dulces notas
al encender el tocadiscos.
Entonces, solo entonces, bebo
de aquella copa repleta en
deseos de volver a vivir,
para luego arrepentirme
en deforestación de mis bosques.

Unas cuantas horas pintando
el tiempo, contando
cada copo de nieve en mis
ilusiones. Gritando sin voz,
atentando contra los miedos apagados,
cayendo desde la punta de
un risco, hasta dar contra
lo suave de unas hojas amontonadas.

Inerte, escondida, adolorida;
entre las sombras, las
despedidas son más claras.

Último

En la esquina de los perdidos,
el ave quedó atrapada entre
sus rejas. Bebió las aguas
saladas del caribe, y
melancólico se abrazó
con sus alas.
Cantó en honor al egoísmo
de tu perdida alma.

Picoteó unas cuantas
cerezas hundido en la
frustración, y cuando
las estrellas surcaron
el firmamento, voló.
Como último grito
de dolor, se fue.
Jamás volvió porque
la soledad lo devoró.

Aceptó la muerte de su
antiguo masoquismo, y
resucitó en el llanto de la luna.
Aquella gaviota, aun pienso
en su triste mirada,
aun siento el roce del dolor
cuando me dio la espalda.

—Para el chico de los dibujos

PARTE V
De cero

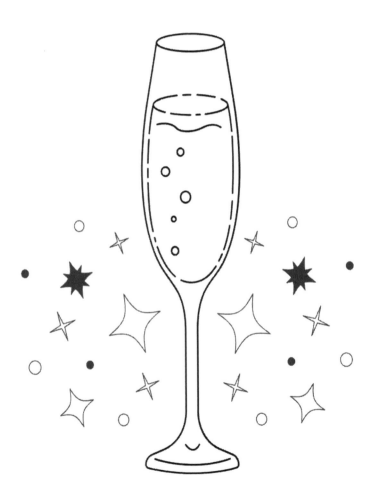

Así soy

Soy más que unos simples
chistes malos, intentar
descifrarme es hundirte en
agua helada. Es tragar las
espinas de un pescado,
es caer sobre pintura roja.

Saber que esconder mi mirada
es encontrar el olor a césped
mojado, caminar toda la
muralla china, toparte
con las vías de un tren, y
el caucho quemado de
las llantas de un auto.

Entenderme es beber
aceite y comer menta.
Soy el vaso lleno de escarchas
en el cielo de colores, quien
se desliza en nubes
grises y del arcoíris.

Soy la lluvia de tu soledad,
y el sol se tu compañía.

Entender qué hay en mí
es un pecado, un verso mal
escrito, una poesía de mil
estrofas, un suspiro en la
tierra y agonía en el cielo.

No te enamores de ellos

Los escritores son capaces
de enamorarte con
unas cuantas palabras,
y destrozarte con su silencio.

La tarde no muere

La tarde no murió.
La mañana vive, el sol regresa
cada día, semana, mes y año.
El crepúsculo es complicado.
Nunca fácil, pero es inolvidable.

No se olvida porque lo
difícil siempre es quien
marca; lo que llega sin
problemas, sin nudos...
son periódicos con
miles de palabras que se
desvanecerán de nuestras
mentes.

En el ayer.
Pero aquello que parece
morir estando en medio del
más fuerte huracán queda
grabado en nuestra
mirada, en nuestra alma.
Por eso, la tarde me persigue.
Se adhirió a mí como un
espíritu oscuro a un cuerpo.

Casi imposible evitar sentir
el tacto de los últimos
rayos solares que parecen
querer rendirse ante la
noche oscura y vacía.
Fue el cajón de recuerdos

guardados, de pozos
profundos repletos en
aguas saladas, en fuego abrazador.

El sol nunca estuvo
moribundo, brilló.
Iluminaron hasta la última
nube blanca, y cegaron mi
vista hasta sumergirla en oscuridad.
Y lo sé, así como el dolor
sentido, sé que la tarde nunca murió.

Paso a paso

Paso a paso me obligué a
alcanzarte, sentí tus brazos
rodearme al llorar.
Silenciosa en medio de la
oscuridad te dejé ir hacia mí.

Y, así poco a poco caí
en la profundidad de
tus penurias, el eco de tus
susurros atravesaron
las dimensiones. Guiaste tu
esencia hasta el mundo material
para crear electricidad en la carne.

Sonreí con amargura al ver
las estrellas como millones
de luces reflejadas
por la ilusión pérdida.
Las alas que tanto soñé tener
eran tus manos tocando mis labios secos.
Y los gritos de desesperación
fueron captados por tu energía.
Paso a paso me seguiste
arrastrando tu dolor
para protegerme.

Solo me quejé, fui egoísta.
Anhelé desvelada poder
volver a acariciar tu esencia,
pero tu amor tanto como
el mío no nacieron para entrelazarse.

El universo me dice que
debo seguir atravesando la
nebulosa, y hundirme en
el agujero negro de los
misterios para encontrarnos,
para encontrarme a mí misma.

—Para el otro mundo

¿Quién eres?

Buscando respuestas ilógicas
te encontraste más de una vez.
En un macrocosmo tan enorme
como este te ahogaste, sin
saber aferrarte o dejarte ir.

Observarse las estrellas miles
de veces preguntándoles
porque tus pies pisan la tierra.
Murmuraste «¿quién soy?»
hasta cansarte de la pregunta.

Solo te centraste en cosas exteriores.
Y tú microcosmo, tu
universo interior lo olvidaste,
quizá porque nunca
supiste de su existencia.
Y de que todas las verdades
a medias se completaban
al profundizar tus adentros.

Si vas lento o rápido, si caes,
si gritas, de pie o en el suelo...
Si vives aferrándote a la
materia finita, y borras
tu divinidad espiritual,
entonces animal eres y serás.
La libertad añorada es un
espejismo al apoyarte en tu propia cárcel.

Elegir volar es complicado,

algo que pocos logran.
Algo que pocos ven en sí mismos.

Engaños mentales

Mis párpados se abren
dejando los rayos del sol
colarse por sus ventanas
cafés oscuras. Respirando,
como de costumbre.

Mis pies se mueven perezosos
por el pasillo de los
pensamientos vagos... quedan
clavados al suelo, real, lejos
de las mariposas mágicas,
de ilusiones, de engaños mentales.

Es ahí cuando mi
conciencia parece divagar
en posibilidades inestables,
de historias, de encantos,
de engaños mentales.

Si vuelvo suspirar con el
amor formado por oxígeno
y pelusas, me someto a la
decadencia de mí misma...
Por soñar, por anhelar,
buscar en el cielo excusas,
reventar mi cráneo contra
ladrillos amarrados con cemento.

Estar buscando respuestas
ilógicas, me llevan a la
niebla, laberinto, bosques

negros de engaños mentales.

Aun sintiendo el universo
vibrar a través de mí, con miles
de cordones invisibles
pegados a mis pensamientos;
lunática. Me sentí encerrada
en el horno por cuarenta y
nueve días, caliente, pura
e impura, buscando cordura
de engaños mentales.

Si por pisar suelo me
encuentro en la mirada
reflejada en el espejo,
realidad concreta,
aburrida y monótona.
Gritando: «¡Soy mente, soy
espíritu, soy energía vibro
en materia, y presa estoy
buscando aventura,
amarrada, maldecida por
la eternidad a ser mortal,
finita como estrella. Carne de animal!».

Quieta, estática sin fluidos
energéticos, me muero
en vida, me manifiesto
en engaños mentales.
Mis adentros recitando
aquel verso, parecen
quebrados y secos, porque
soy finita, porque soy carne.
Me hundo en los mares

de engaños mentales.

¡Qué mentira soy! Porque
verdades completas no hay;
Que masoquista es la vida,
que masoquista es el alma.
Que libre es el espíritu
y presa es la mente.
Y, así vivimos, así vivo,
encarcelada por engaños mentales.

—Para quien se engaña con su propia mentira

Fui, soy

Fui la sombra, soy el verdugo.
Quien deambulaba sorda,
ciega, buscando en la niebla
las letras de un libro.
Amé aquellas manos, odié
el deseo. Detuve el calvario
de los ojos cafés.

Las páginas amarillentas se
dejaron ver, repletas en
sueños que alguna vez borré.
En el agua bendita me volví
impura, y en el fuego
fui la rosa más pura.
Te narré bello, delicado,
y esbelto.

Figura de hombre, mente
de ciervo. Por eso, fui luz,
ahora soy inestabilidad.
Corrí en la línea del silencio.
En las bocas hallé veneno,
en las pupilas secretos.
Fui culpable, engañé, hoy
todos lo pueden ver.

Dibujé la figura de venus
en la silueta de mi cuerpo,
caí de lleno en falsos cuentos.
Fui el cráter en mi corazón,
soy una lluvia con sol.

Lamentablemente perdí la vida,
quedándome entre dos
dimensiones solas, vacías.
Bajo mis párpados me vi
liviana, pluma, blanca como
la luna. Retorcidos mis dedos
se clavaron en el cielo,
por cubrirme con encajes
viejos, con polvos de tiempos olvidados.

Fui la lámpara sobre la mesa
de noche, soy el camino
que tantos pisaron.
Por caer al agua primero,
por adelantarme al tiempo.
Las sábanas colgadas en el
tendero las sentí envolver mis lamentos.
El baile con abanicos, las
noches en llanto... Fueron
los diamantes arrojados
por un millonario, son los
años de juventud botados.

Fui la primera, soy la última.
Fui arriba, soy abajo.
Fui locura, soy cordura.
Fui mentirosa, fui sincera.
Fui tantas cosas, soy nada.

En la cuerda floja pasé,
regresé, y volví a pasar.
En el bucle de subir, bajar.
Por ser presa del alma, por
dormir, por eso fui y ahora

soy la vibrante energía
que atravesó tu corazón.

Porque te amé, te olvidé

Recuerdo los charcos en los
que salte, esos veranos en los
que el atardecer eran una
obra maestra.

Ahora solo me siento en
el borde de mi cama a
pensar en esa posibilidad
de volver a ver arte en los
rayos del sol, porque estoy
fallando cada vez que respiro.

Decidí soñar en la realidad,
para vivir a partir de
mi magia, de mis palabras,
porque solo ellas mecen
mi corazón hasta hacerlo
dormir profundamente.

Desvanecida entre las ramas
de un árbol me vi una vez,
pensé en los latidos lejanos
que me traía el viento.
Mi frágil amor, ese que
se mostraba inerte en el
espejismo de un desierto caliente.

Porque te amé en los tics
tacs del reloj, en el sonido
de la medianoche, en la
larga línea que separaba nuestros labios.

Quise ser aquellos tiempos
en los que salté, esos veranos
en los que el atardecer
eran una obra maestra.

Moribunda me dejé llevar
por tu encanto, tan salvaje,
misterioso y lúgubre. Fui
una equivocada y, entonces
comprendí que tenía
206 huesos, que era un ser humano.

Por el sentimiento de
grandeza que dejaste caer
sobre mis hombros, por
las saladas aguas de alegría
que se asomaron al
cristal de mis ventanas.

Recuerdo tus cantos a la
luna, esas veces en las que
bailé ciega sonriendo
mientras anhelaba ser eterna.

Porque te amé tan
vívidamente como una margarita.

Me transformé en primavera
con tu llegada, florecí tan
encantadora, brillante. Verte
era poesía en las teclas de
un piano, sentirte fue una
de las razones por las
que corrí, fuerte y segura.

Esta noche puedes irte si
deseas, sabes que siempre
estuve abierta a las
posibilidades, a recolectar
bellas flores contigo, estuve
dispuesta en un pasado a
detener la corriente del agua
para que tu barco no se fuera.

Y, aun lo recuerdo, los
charcos en los que salté,
esos veranos en los que el
atardecer eran una obra maestra.

Si lo detuve tan vivo en
mi mente era porque tu
sombra se fundía con la
muerte de esa estrella.

Piénsalo detenidamente, si
es posible no desvanezcas
el último gesto que te
di antes de ser cenizas.
Sé que los «No» fueron la
raíz de este árbol muerto,
pero mira cómo el sonido
de esta guitarra consoló
la necesidad de amar.

Porque te amé, y por amarte
sufrí, tanto fue mi dolor que
las espinas desparecieron de
las rosas, ya no eran rosas,
eran veneno.

Mi temperatura fue subiendo
por tu causa, el carmín de
tu sangre se reflejó en mis
mejillas, tal vez fue el
destino quien me hizo
encantarme contigo;
Culpar al exterior es más
fácil que aceptar la
tensión que causabas.

¿Seré tus zapatillas de
balé? Juntos éramos
tan frágiles.

Lo recuerdo, los charcos
en los que salté, esos veranos
en los que el atardecer eran
una obra maestra, y ahora
lo comprendo... Eras tú,
aquellos charcos, era mi
verano, atardecer...
mi obra maestra.

Porque te amé y
siempre te recordaré.

Los planes de un viaje

Escuché el rugido del
león al despegar el avión.
Determinado corrió entre
las nubes hasta alejarse para siempre.

Caminé lento bajo su
sombra y, sin aliento quise
alcanzar el blanco algodón
deforme del cielo.

Su pálido celeste quiso
acercarme al adiós. Y las cortinas
taparon mis pupilas para
sumergir la oscuridad en el
sueño de un viaje a ese
más allá misterioso, emocionante.

Porque nunca salí del territorio
nacional, para probar la
frescura de un viento frío
en algún paraíso del viejo continente.

Las yemas de mis dedos
rozaron la cálida piel
bajo el abrigo, atontada,
ilusionada por la aventura
de una noche, quizá de un verano.

Los romances vividos, besos
franceses acumulados en
la punta de una torre

plagada en mentiras
transformadas en verdades disueltas.

Un pulgar levantado
deteniendo las llantas que
pisan el asfalto sin piedad.
Entre heno, las cuerdas de
una vieja guitarra, con la
lengua afuera saboreando
las gotas dulces del
triste firmamento.

Porque fuimos así, las
antiguas yo quinceañeras
que con grandes esperanzas
narraron sus más secretos sueños.
Hoy, en la cúpula de su
juventud sonríen alegres,
observando el paraíso
alejarse metálicamente en la distancia.

Solo son sueños

Dormí hasta el mediodía
 solo para ver aquellos ojos.
Regaños obtuve, por culpa
de los malditos sueños.

Pero solo en ellos todo
era perfecto; en los vagos
recuerdos alterados por la
mente pude tener romance.

Deslicé mis pies sobre la
baldosa; «por alguien como
tú bailé para la vacía habitación».
Mi inconsciente se burló
de mi propio engaño...
Escuché mis latidos acelerados.

Me estrellé.

Mi mantra se escuchó:
«En mi canto te siento, en
las esquinas vacías te veo».
Porque tuve tantos amores
imaginarios, y los
confundí con la realidad.

La cama no me soltaba...
Aunque jamás sepan la
intensidad con la que los
amé, se puede decir que
tonta he sido, y seré.

Tanto frío, tanto dolor.

Sufriría por una pizca
del dulce sabor...
Caramelo de fresa, envuelto
en chocolate. Café de
mañana y tarde.

Sé que aquel individuo no
lo sabe, que ardidos mis
ojos se volvieron a sellar.
Que dormir ocasionó que
la niebla tomara forma, se
hizo piel y hueso, para
que mi índice le toque, le
provoque fundida en deseos.

«Por desvelarme pensando
en historias enriquecidas en
disparates amorosos, te perdí
tantas veces» le conté.

Resonante su risa abordó
mis oídos, comprendí, solo
soy una niña que, con
esperanza mira el crepúsculo
y pierde la cordura
completamente cegada de amor.
Y desperté, reí, solo son sueños.

Venenoso placer

A él le gusta respirar en la
esquina del callejón, fumar
en la punta del risco. Acariciar
los muros de Troya y
derretirse en el calor del volcán.

Si en el deseo se pulveriza
sus entrañas, el sádico sigue
el camino de sus ansias. No
importa los «No» débiles
y agonizantes, los transforma
en profundos mares de placer.

En su lóbulo le susurró a la
roca para que la misma
se evaporizara.
Así el joven casanova, hace
de todo con las bragas.

Ella silenciosa, lo disfruta
en la oscuridad... Al joven
casanova lo quiere cazar.
Con el hechizo de sus caderas
se moverá como gitana.

Sus risas melodiosas serán
su piano melancólico, tan
delicada, y tan imponente se
pasea por las ventanas de
su mirada.

Se ciega de placer,
nubla las montañas para que
nadie sepa de los secretos
que esta joven adulta guarda.
«Pobre hombre», se forma
en su melosa sonrisa.

Con su melena salvaje y
largas pestañas roba la razón
para luego mofarse de su ingenuidad.
Ambos expertos en artimañas,
movimientos rítmicos y adictivos.

Indomables, sedientos de
más amores, atándose a las
pieles y huesos. Entre velas
tenues se ven danzar, pirañas
devorándose sobre seda
blanca y rosas rojas.

Nacieron para ser depredadores,
pero terminan por perderse
en sus trucos de casería.
Quien diría que estos dos
granujas terminarían
siendo caballitos de mar.

Por necia

Hablar con él son dos pasos
delante; sus palabras, un
dedo en la frente y dos
cruzados en el corazón.

Intranquilo en el rincón
del olvido, alejándose
lentamente por las vías
de su tren, llega donde sus
labios son un espejismo, y
su liza espalda tentación.

Embustero de las poesías,
soñador en el interior.
Hombre de laguna
salvaje, de frágil pisar.

Hablar con él es formatear
el alma, y apedrear nuestro espíritu.
Canalla en su vida, cobarde
en la montaña rusa.

Si fue él quien con tanto
esfuerzo se metió en el cajón,
dile que, por favor ya no
traiga más pesar a mis lágrimas.

Porque ese hombre es culpable
de haber roto el jarrón.
De pervertir su mente
hasta hacerla carbón.

Hablar con él son dos golpes
a la puerta, y un grito
en el interior.

Pesadas sus pestañas dejo
caer, la vio crecer hasta el
sol; lejano, sus amargos
pensamientos se vieron caer
ante la ingenuidad repleta en deseo.

Él quien con tanto esmero
se hizo victima en su cristal
de tiempo; su pelo suelto
bailo al compás del viento,
se burlaba de su desespero.

Hablar con él es vaciar
el tanque de gasolina,
y ahogarse en sangre.
Por ser hombre, ella por ser
mujer, se dejaron manchar
por las gotas melancólicas del atardecer.

Él quien la miraba con
adoración, se sabe bien
que vino de cuentista... A
elogiarla y obstruirla de su
propio amor, de sí misma.

Por necia es culpable, por
hablar con él, y dejarse querer.

El mundo es una mentira

La vida te dice cosas que
a menudo tu ego no desea
escuchar, y cuando te
mienten sientes que todo
estará bien, pero en el
fondo sabes que terminarás mal.

Caos

El mundo del caos, cualquier
mentira es buena si la
conveniencia persevera.
Acunamos entre los
brazos blasfemias
con egocentrismo.

El dinero un simple papel
con un valor imaginario,
su verde controla miles
de vidas llevándolas a
sus propias desdichas; las
religiones quemadoras
de cerebro, repartiendo
subliminalmente pensamientos
erróneos y verdades malversadas,
el mundo cae en su torbellino
de ilusiones ópticas.

Nosotros caminamos hacia
la oscuridad, donde el
pensamiento humano
es enterrado y sellado.

Tus rincones

El susurro del viento me
dice tu nombre con burla,
en el rincón del callejón te
observo recostado en una
esquina, aunque mi mente
masoquista sepa que es mentira, sonrió a la
nada con hipocresía.

Escucho tus pasos
mudos con sorna...
Tus visitas imaginarias
me trastornan.
Parece que todo retorna
a la edad de cinco años,
donde tu solo eras un ente
de cabellos castaños.

Hoy en la flor de la vida,
soy yo la que cuida abatida
los malos recuerdos que
perturban mi mente.

Me siento sola en medio
de tanta gente, donde
rugiente me persigues
como lava ardiente.

Te sigo hallando en mis
rincones, donde mis
alucinaciones se convierten
en sueños de largas noches

pasionales, donde mis signos
vitales se vuelven inertes
con la feroz mirada de
tu fuego caliente.

Rosa apasionada

Cuando llueve y hace
frío, a veces pienso que
esos brazos son mi mejor abrigo.
Cuando me miras, cuando
sonrío, digo él es mi cariño.

Cuando sonríes enternecido,
cuando eres ingenuo y tontito,
pienso que quiero quitarte
lo bonito y hacerte mío.

Es entonces que me
convierto en pecado.
«Despacito por el cuello,
caliente por tu pecho, frío
en el intento, y salvaje
en el momento».

Prometo calentarte en los
inviernos, y seducirte
en las primaveras.

Seré la única y primera en
robarte el aliento, y saciarte en deseo.

Volverte adicto a mi
cuerpo, y que esperes
con desespero.
Cuando la noche llegue, cuando
sientas la soledad, me
pensaras bajo tu manto

rociada en placeres,
deslumbrado por mi encanto.

Cuando tengas pánico,
cuando creas perderme...
el éxtasis de mi cuerpo
será el recuerdo que
perturbe tu mente.

Porque soy así, la seda
que ciega tu vista, y la rosa
lujuriosa. Esa imagen será
tu desdicha, tus noches
mojadas, tus sueños dañados.
Tus días de fuego.
Tus instantes de llanto.

Jack

Si la termino, aquella melodía
que se cuela en las
corrientes del viento...
En dos tornados envueltos
en ternura e inocencia.

Si termino de cantarte las
cerdas de tus sedas se caerán
sobre el cielo como
un manto de sueño.

Seré la cigüeña que volará
sobre tu cuna y
custodiará tus ilusiones.
Mientras tus respiraciones
se hacen calmadas como el
ronroneo de un gato, ahí en
el crepúsculo que se hace
efímero a medida que vas
pasando por mi presente.

Tus pequeñas manos se
acurrucaran sobre mi pecho
buscando el calor de un sol,
para sentirte seguro en mi abrazo;
que tu despertar sea
acompañado por la sonrisa de
tu guardiana. Por ser la más
pequeña de las semillas, tu
crecimiento tan delicado.

Debe ser sano, y debo
custodiarte para que en las
tardes no olvides que se te
quiere, que se te arropa
entre pétalos de amapolas.

La sonrisilla de tu juventud
es causante de mis instantes
de calma, la ternura que habita
en tu ser es el instinto de
protección, de búsqueda,
de tus largas horas de curiosidad,
juegos al borde del acantilado,
pero seguro porque mis brazos
te sujetan firmemente.

Si la melodía se apaga
en mi voz dejarás de escucharme,
y dormido te dejaré.
Una vez más la he finalizado,
hoy solo la anhelo.

Porque hoy te convertiste
en un recuerdo, ahora soy
quien te extraña, ahora soy
yo quien te cuida en la
distancia y no de cerca.

100 besos franceses

Amarte era un beso francés,
quererte era escalar la torre
Eiffel, abrazarte fue el abrigo
manchado de vino; te observé
cada tarde, aun siendo
mujer de 28 días... te amé,
incluso en mis huracanes.

Fracasado te volviste en el
arco del triunfo, vagabundo
lloraste en mis pupilas
dilatadas.

Te amé, porque
amarte eran caricias mojadas
en el atardecer, amarte era la
lluvia sobre París, amarte era
un dibujo olvidado entre
las garras de una gárgola.

Otra vez nublado

Que clima tan loco, a veces
me quemas la piel con la
intensidad de tu sol y otras
me caes como un balde de
agua fría alertando mis sentidos.

Que clima tan desquiciado,
suenas como a disco rayado,
cumpliendo tus rutinas de
nublado y soleado no
puedo entenderte y, aun así
afectas mi mente.

A veces ruidoso y otras
eres de temer...
Nadie debería insultarte
porque sé bien lo vengativo
que puedes llegar a ser.

¡Qué clima! Me das pena,
cólera y alegría. Así me vuelvo
en el fondo de tu infierno bipolar.

Y, aun sigo creyendo que eres
todo lo que anhelo, aun
creo que te necesito
para seguir viviendo.

Oscuro

El sol que una vez acarició
mi piel... Ahora me quema
y funde mis entrañas.

La luna que una vez me
regaló millones de estrellas...
Ahora se esconde bajo nubes negras.

Lentes claros

Amargo como un trago a la
media noche, cálido como
el sol de *Panamá*. Pensativo
en tus instantes de insomnio;
te vas sumergiendo en mi
universos alternos y poco
conocidos, vas a creando
lamentos de luna llena,
y cánticos de amor.

Amigable y silencioso en
el cristal de tus ojos, frío
como nevera. Inerte en
tus manos me vuelvo.

En el reflejo de tus lentes
vagamente me hallé, en
tu voz de seducción
brevemente te adoré.
Lástima que seas hombre,
porque tu cajita de sorpresa
la veo llena de amapolas.

Directo e incomprendido,
lleno de paseos con la
alfombra mágica... Te veo
en mis sueños de lágrimas,
te veo en la sonrisa del alba,

y te pierdo en el reflejo
de tus ojos rasgados.

—Para el chico de los ojos rasgados

El llamado de la costa

Ella cantó en el eco del caracol,
y resonante el joven de ojos
apagados le acompañó con
el sonido de las aves en sus cuerdas.

La magia de la dulce voz
de quien se llevaba el sol y
cubría el extenso cielo de
sus lumbreras, le dio como
obsequio el pétalo de
sus azules margaritas.

Así la melodía de la gran
luna llena embestía los
bosques con su luz de
primavera en las costas
de largas noches serenas.

Espejo del sol, reflejó en la
espesura de sus árboles las
letras de noches esbeltas.

Los espíritus piratas se
hundieron en el océano,
recipiente de lo infinito
y oasis de estrellas.

Ella que canta con la luna
vuelta linterna, lleva las
almas sobre la larga cadena
que se extiende como hilos

de nailon en los sueños de
invierno de la inocencia
pacífica, guía de luz eterna.

Quien hunde los pies
descalzos sobre la arena se
lleva consigo el polvo de
los cuerpos celestes. Arrastrando
a los vivos a cánticos
del macrocosmos, cegando con
la tela negra de quien espera
sentado, la estela en el firmamento.

Ella cantó como aquel
flautista tocó, y todos se
lanzaron al mar en busca
de su belleza, cegados por amor.

Pensarte

¿Pensarte? Pensarte ya es
una obligación, sin verte...
sin siquiera tener un rastro
de motivación.

¿Por tu parte? Por tu parte
ya no sé si te gusto, si eres
un búho que vigila mis
viajes astrales... entonces
quédate en mis madrugadas.

—Para el chico de los ojos claros

Gato negro

Pócima I

Enredaderas enjauladas,
ojos de gato negro, una pizca
de silencio, tres susurros a
la media noche... y está hecho.
La pócima esencial para
borrar nuestros recuerdos,
el veneno mortal para sacarte de adentro.

Pócima II

Aliento de menta, sueños
de besos, llamadas nocturnas
y vagos pensamientos...
Y está hecho.
La pócima de nuestros anhelos,
la medicina esencial para curar
las grietas en el tiempo.

Pócima III

Cantos de luna, tres caricias
de fuego, dos mentiras y está hecho...
La pócima de nuestros placeres,
el tóxico nuclear para
motivar el deseo.

—Para el chico se los ojos rasgados

Futuro incierto

Lamento tener que retractar
mis palabras cuando
siento que puedo llegar a
quererte demasiado. Quizá
solo tema a la desdicha futura,
que a nuestro presente cálido y seguro.

Por eso te pido que me dejes
flotar a tu alrededor, para que
yo pueda expulsar todo el
dolor. Si por daños me siento
insegura, cúrame con
paciencia y vuélveme tuya.

Lamento tener que ser yo la
que corra, porque siento
que sin nada a tu favor todo
me ilusiona. Solo me queda
mirarte con precaución, a
ver si en el futuro eres digno de mi amor.

Vinagre

La oscuridad se
expande a medida
que el sol muere
con la tarde,
en el silencio de esta
habitación el abanico parece
lluvia cayendo fuera
de mi ventana...

Verlo, escucharlo solo
acrecienta mi dolor,
mis piernas pesadas y mi
cuerpo acalambrado
provocan que el mar salado
de mis agujeros negros se
desborde creando tsunamis
por las calles de mi piel.

No entiendo, ni siquiera
logro tener una pizca de
conocimiento... ¿Qué pasa en
mi corazón? Sin ninguna
razón aparente, solo llora
y llora desconsolado, se
ensucia y llena el estómago
al igual que el plástico
contamina los océanos.

Solo puedo saborear el
vinagre ácido que se cuela
entre mis labios, por breves

instantes mis montañas
sucumben ante los
terremotos, ni yo se vuelve
irracional e inexpresivo.

Me abrazo entre las cobijas
de recuerdos imaginarios,
de situaciones ficticias a través
de la pantalla de mi
computador, ahí en el brillo
artificial provocador de mi
miopía veo las cuchillas
disparar directo en el blanco,
directo al dolor sin intención,
directo a la amargura sin
mención, directo al nudo de
mi garganta, ahí justo en el interior.

Letra de doctor

¿Fueron tus labios rosa pastel
los que me hechizaron?
No... Creo que fue algo
más profundo que eso, la
droga consumida fue
gracias a los portales
dimensionales que brillaban
bajos tus cejas negras.

Ahora entiendo el porque
estaba tan enredada, fuiste
el explorador que dedujo
las razones de mi apagada existencia.

Aun así, no dejo de debatirme
en aquellos ventanales,
pienso todo el tiempo en la
zona «X» entre el tabique
de tu nariz y pestañas.

¿Por qué fuiste creado de
esa forma? Profundo como
el mar, negro y confuso
como letra de doctor. Sí,
cuando veo la luna entiendo
que eres tan lejano como ella.

Cuando la observo desde
abajo y la veo brillar, sé
que esa luz jamás la podré
igualar. Así fuiste, así eres y serás...

La cartera de piel por la
que todas pelean. Y sí,
admito que fuiste «*la Atlantis*»
que todos buscaban en
mi corazón.

Hoy, bajo esta lluvia infernal
te confieso que, en efecto,
tu boca, tus ojos, tus manos,
y más allá de tu piel suave,
ese universo que se crea en
ti me convenció de darte mi
corazón, mis pulmones, mis
lágrimas e incluso mis más
íntimos pensamientos.

Por eso regreso al asiento
del bus, para arrebatarte lo
que me robaste semanas atrás,
para llevarte lejos en el vagón
de mi tren y extasiarme una
vez más de tu sonrisa.

—Para el chico del bus

Made in the USA
Columbia, SC
26 July 2024

39352103R00107